Eileen Stiller

111 Orte auf Sizilien, die man gesehen haben muss

111

emons:

Bibliografische Information der Deutschen Nationalbibliothek
Die Deutsche Nationalbibliothek verzeichnet diese Publikation in der Deutschen Nationalbibliografie; detaillierte bibliografische Daten sind im Internet über http://dnb.d-nb.de abrufbar.

MIX
Papier | Fördert gute Waldnutzung
FSC® C083411

Covergestaltung: Karolin Meinert
Lektorat: Julia Lorenzer
Gestaltung: Marc Propach, nach einem Konzept von Lübbeke | Naumann | Thoben
Kartografie: altancicek.design, www.altancicek.de
Kartenbasisinformationen aus Openstreetmap,
© OpenStreetMap-Mitwirkende, ODbL
Druck und Bindung: CPI – Clausen & Bosse, Leck
Printed in Germany 2024
ISBN 978-3-7408-1424-3

Vorwort

Es gibt nicht nur ein Sizilien, sagt man, sondern viele. Denn die größte Insel des Mittelmeers ist eine Welt für sich. Eine Welt der starken Kontraste und der Widersprüche, in der alles Schöne und Schlechte, das Italien zu bieten hat, auf die Spitze getrieben wird. Wo die Sonne noch heißer vom Himmel brennt und das Meer blauer ist als der Horizont. Wo das Essen üppiger ist und der Wein schwerer, Tempel auf Goldmosaiken treffen und Barockschlösser in arabischen Medinas stehen. Serpentinen schrauben sich zu verschlafenen Bergdörfern hinauf, während man an der Küste Eissorbet zum Frühstück löffelt. Und über allem thront der Ätna, der höchste aktive Vulkan Europas, dessen Feuerfontänen einen immerzu an die Kraft der Natur erinnern.

Auf Sizilien kreuzen sich die Kulturen des Mittelmeers. Seine einzigartige Lage zwischen Afrika und Italiens Stiefelspitze hat im Laufe der Geschichte viele fremde Eroberer angezogen. Griechen, Römer und Byzantiner, Sarazenen, Normannen und Staufer, Spanier und Franzosen, sie alle haben ihre Spuren hinterlassen: in der Architektur, in der Küche, im Wesen der Menschen. Ihre Einflüsse verschmolzen zu einer Essenz mediterraner Lebensart, die ihresgleichen sucht. Italien ist auf Sizilien noch einmal anders als in Rom oder Florenz. Noch lauter, theatralischer, großzügiger. Wo man das Leben nimmt, wie es kommt, gelassen, gewieft, aber immer mit vollem Herzen und offenem Gesicht.

Wer einmal auf *Sicilia Bedda* war, dem »schönen Sizilien«, den lässt die Sehnsucht nach dieser Insel nicht mehr los.

Attenti: Viele vorgestellte Orte sind privat. Die Menschen betreiben ein Museum nebenher, öffnen ihr Zuhause oder helfen ehrenamtlich. Daher kommt es vor, dass trotz Öffnungszeiten niemand da ist. Versuchen Sie, vorher anzurufen, oder schreiben Sie eine Whatsapp. Dann freut man sich in aller Regel über das ehrliche Interesse und tut sein Bestes, um Sie willkommen zu heißen.

111 Orte

1 Die Zyklopenküste

Wo ein Riese Felsbrocken ins Meer schleuderte

Vor der Küste von Aci Trezza ragen riesige Felsblöcke aus dem Meer. Sie sind begehrte Tauchplätze und auch Teil der griechischen Mythologie. Bei Aci Trezza, dem kleinen Fischerhafen nördlich von Catania, sollen jene Felsbrocken gelandet sein, die der Riese Polyphem dem fliehenden Odysseus hinterherwarf, weil er dem Einäugigen einen Pfahl ins Auge gerammt hatte.

Und da liegen sie noch heute, die im Zorn ins Meer geschleuderten Steine. Das Wasser um die spitzen schwarzen Brocken ist hier besonders klar, denn die Inselgruppe ist als Schutzgebiet ausgewiesen. In den Lavagrotten gedeiht eine üppige Unterwasserwelt. Geologen erklären die Entstehung der »Zyklopenküste« naturgemäß anders. Demnach sind die Inseln vulkanischen Ursprungs und entstanden vor etwa 500.000 Jahren durch einen Ausbruch basaltischer Lava am Meeresboden. Die Brocken sind von einer glasartigen Kruste überzogen und im Inneren in Prismen unterteilt, was auf die plötzliche Abkühlung des Magmas durch das kalte Meerwasser zurückzuführen ist.

Unmittelbar südlich von Aci Trezza liegt das Kap Aci Castello. Auf einem steilen Basaltfelsen thront eine normannische Festung. Das Kastell mit Türmen und Zinnen wurde erstmals 1092 erwähnt. Damals lagen das Dorf und die Burg noch auf einer kleinen Insel. Ab 1169 zerstörten Ausbrüche des Ätna die umliegenden Dörfer, woraufhin deren Bewohner auf dem Burgfelsen Zuflucht suchten. Durch weitere unterseeische Eruptionen hob sich die Küste seit dem Mittelalter um rund 17 Meter an. Heute ist der Felsen mit dem Festland verbunden. In der Burg befindet sich ein Museum für Mineralogie, Paläontologie und Archäologie.

Anders als Polyphem fühlt man sich hier im besten Sinne geblendet: von der Geschichte, der Kraft der Natur – und von der Morgensonne, die hinter den Zyklopenfelsen aus dem Meer auftaucht. Der Sonnenaufgang von Aci Trezza gilt als der schönste Siziliens.

Adresse Punto Panoramico, Via Lungomare Dei Ciclopi 133/129, 95021 Aci Castello | Anfahrt über die SS 114 | Tipp Meeresfrüchte isst man fünf Kilometer südlich im Porticciolo di Ognina in der kleinen, von außen etwas schrammelig wirkenden »Oasi Frutti di Mare da Nitto« (Piazza Mancini Battaglia 6, Catania). In Schürzen und Gummistiefeln säubern die Fischhändler Venusmuscheln und *Cannolicchi*, öffnen geschickt Seeigel und Austern. Probieren: Schwertfischwurst, *Sarde a beccafico* und Spaghetti mit Seeigel-Püree. Am besten als Streetfood auf einem Felsen gegenüber am Meer essen.

2 Die Klippe Punta Bianca

Wie ein unzugänglicher Eisberg im Mittelmeer

Schneeweiß ragt die Felsklippe von Punta Bianca in das kobaltblaue Meer. *U paradisu* nennen die Sizilianer dieses Stück Himmel auf Erden. Und wie es sich für ein Paradies gehört, ist es nicht leicht, hinzukommen. Die Reise führt über eine holprige Schotterstraße – dafür wähnt man sich nach der Ankunft an einem wahrhaft himmlischen Ort.

Punta Bianca liegt am Fuße des Monte Grande, einem unberührten Vorgebirge mit Wildfenchel, Minze, Salbei, Zwergpalmen und Mastixsträuchern. Seine Felsstruktur steht der viel besuchten, rund 30 Kilometer nordwestlich gelegenen Scala dei Turchi in nichts nach, nur dass dieser Küstenabschnitt so gut wie unbekannt ist.

Beide Felsformationen bestehen aus Mergel, einem Sedimentgestein, das durch die Ablagerung von Silikaten wie Ton oder Schluff sowie die Ausfällung von Kalk entsteht. Wind und Niederschläge haben Wellen und Wölbungen in das Mergelgestein geschliffen. Der Kontrast zwischen dem blauen Meer und dem weißen Fels ist überaus ästhetisch, vor allem wenn die Abendsonne noch rosafarbene Facetten einmischt.

Zum suggestiven Eindruck trägt eine alte Kaserne der Guardia di Finanza nicht unwesentlich bei. Außen prangt noch der Wahlspruch der Finanzpolizei: *Nec Recisa Recedit.* Das ist Latein und bedeutet: »Auch verwundet weicht sie nicht zurück.« Verfallene Häuschen wie dieses gibt es an Siziliens Küsten zuhauf. Fernab von Häfen und Städten lebten darin früher die Zöllner, die gegen Schmuggler vorgingen.

Vor Punta Bianca verläuft eine viel befahrene Seehandelsroute. Nur fünf Meilen vor der Küste liegt in knapp 20 Metern Tiefe das Wrack der »Almerian«. Der Frachter der englischen Leyland Line war mit einer Ladung Schwefel auf dem Weg nach Liverpool, als er 1918 vom deutschen U-Boot 73 versenkt wurde. Er war vermutlich auch das letzte Schiff, das am 14. April 1912 den Kurs der »Titanic« kreuzte, bevor der Luxusdampfer einen Eisberg rammte und sank.

Adresse 92100 Agrigent | Anfahrt von der SS 115 auf SP 71 einbiegen, Google Maps nur bis zum Hotel »Punta Bianca Suite & Home Experience« (Contrada Drasi 3A), dann der dürftigen Beschilderung stets einigermaßen geradeaus folgen, Straße wird am Ende sandig, bei der Bar parken und die letzten Meter zu Fuß gehen | Tipp Die Betreiber der Parkplatz-Bar bringen Touristen in ausrangierten Militärjeeps zur Klippe. Man kann mit den Brüdern auch Tagesausflüge ins Naturschutzgebiet buchen oder den Sonnenuntergang mit *aperitivo* bestaunen (www.puntabexperience.com).

3 Die Morgantina-Ruinen

Das Juwel unter den archäologischen Stätten

Abgeschieden zwischen dichten Wäldern aus Pinien und Eukalyptus versteckt sich auf einem Bergrücken die Ausgrabungsstätte Morgantina. Während die meisten Archäologiefreunde die populären Stätten von Agrigent oder Selinunt aufsuchen, gilt Morgantina als wenig beachtetes Juwel. Hier wurde einer der größten und bedeutendsten Fundkomplexe an Kleinmetallen im Mittelmeerraum gehoben.

Zehn Kilometer Stadtmauer umgaben einst die um 1100 vor Christus von den Sikulern aufgebaute Stadt; ihre Ursprünge reichen bis in die Bronzezeit zurück. Als sich auf dem Zitadellenhügel Griechen ansiedelten, lebten sie im Einklang mit den Einheimischen. Erst 459 vor Christus zerstörte ein Sikulerfürst die Siedlung, woraufhin die Griechen aus Syrakus eingriffen, Morgantina einnahmen und in den Folgejahren zu einer bedeutenden Stadt entwickelten.

Heute herrschen Wind und Stille über dem 2.000 Jahre alten Straßenpflaster und dem Amphitheater im Hang, von dessen Rängen man bis zum Ätna blickt. Hauptsehenswürdigkeit ist die ausgegrabene Agora. Der rechteckige Platz mit einem Markt in der Mitte war von Hallen umgeben, die mit Säulen und Malereien geschmückt waren. Über eine Treppe erreicht man den unteren Teil der Agora, in dem sich das öffentliche Leben abgespielt hat.

Die Grabungen leitet ein Team der US-Universität Princeton. Sie begannen 1955 und dauern bis heute an. Das zugehörige kleine, gut sortierte archäologische Museum in Aidone zeigt die enorme Fundmenge. Darunter 15 Stücke eines Silberschatzes aus dem 3. Jahrhundert vor Christus, die im Metropolitan Museum in New York ausgestellt waren, bevor sie 2007 im Streit um den illegalen Handel mit italienischen Kunstschätzen an Sizilien zurückgegeben wurden. Ähnlich erging es der »Venus (Aphrodite) von Morgantina«, einer Statue aus Marmor und Tuff, die nach Raubgrabungen im Getty Museum in Los Angeles stand, aber 2011 an ihren Fundort zurückkehren durfte.

Adresse Contrada Morgantina, Largo Torres 1, 94010 Aidone | Anfahrt über neue Kurvenstraße am Berghang, zwei Eingänge, zum Amphitheater mit dem Auto am Hauptparkplatz vorbei zum Eingang 2 fahren und beim dortigen Restaurant parken | Öffnungszeiten täglich 9–18.30 Uhr, Kombitickets mit Aidone-Museum (Via Sacerdote Truppia 1) | Tipp Das Aidone-Museum beherbergt auch Schätze der »Villa Romana del Casale« (Contrada Casale, SP 90, Piazza Armerina). Die spätrömische Stadtvilla erfreut mit hervorragend erhaltenen, fast 2.000 Jahre alten Bodenmosaiken, die Jagdszenen und ein Wagenrennen im Circus Maximus darstellen. Weltbekannt sind die »Bikini-Madchen«: zehn Frauen im scheinbar modernen Bikini, was aber der in Rom üblichen Sportbekleidung entsprach.

4 Das LSD-Brot

Die Insel der fliegenden Frauen

Es ist noch nicht lange her, da begrüßte ein verträumtes Graffito die Ankommenden am Fähranleger von Alicudi. Eine fliegende Frau mit wehendem Haar war auf einen Bauzaun gemalt. Ein verzücktes Lächeln lag auf ihren Lippen, als sie über Maultiere in Mänteln, Riesenhasen und ein Roggenfeld mit schwarzen Ähren hinwegschwebte.

Das Gemälde von Daniele Battaglia setzte die kuriose Geschichte der Insel in Szene. Ohne es zu wissen, hatten die Frauen jahrelang halluzinogenes Brot gebacken und ihren Kindern und Männern täglich eine Portion LSD verabreicht. Das kam so: Auf der Insel aß man früher viel Roggen. Allerdings ist die Getreidesorte anfällig für den Befall mit Mutterkornpilz. Aus den Ähren wachsen dann dunkelviolette Schläuche. Mutterkorn enthält giftige Alkaloide, darunter Lysergsäure, aus der sich auch LSD herstellen lässt. Mit anderen Worten: Wer Mutterkorn isst, wird high. Doch Lebensmittel wegzuwerfen, war bei den Fischern und Hirten verpönt. Also wurde der verdorbene Roggen trotzdem verarbeitet und in Kornspeichern gelagert, wo er über Jahre die Mehlvorräte verunreinigte.

Erst sehr viel später brachten Hippies Licht ins Drogendunkel. Die Insel entwickelte sich aufgrund ihrer Abgeschiedenheit weit draußen im Tyrrhenischen Meer in den 1960er Jahren zu einem Aussteiger-Hotspot. Als die Blumenkinder den Erzählungen lauschten, erkannten sie: Das sind psychedelische Halluzinationen! Prompt verbannte die örtliche Kirche das »Teufelsbrot« vom Eiland.

Bis heute gibt es hier keine Straßen. Die wenigen Häuser sind durch jahrhundertealte Treppen und Maultierpfade miteinander verbunden. Zur Schule geht es 256 Steinstufen hinauf, überwuchert von Bougainvillea und indigofarbenem Heidekraut, das üppig auf dem erloschenen Krater wuchert. Wegen des bewusstseinserweiternden Brotes wird sie auch »Insel der fliegenden Frauen« genannt. Im Hafen erzählen die Alten noch heute von den Visionen.

Adresse 98050 Alicudi Porto | **Anfahrt** ab Milazzo oder den anderen Äolischen bzw. Liparischen Inseln teils mehrmals täglich Tragflügelboote (Aliscafi) der Liberty Lines und Fähren von Siremar, ab Palermo seltenere Verbindungen, Fahrpläne und Tarife auf den Websites, Reservierung empfohlen; Tagesausflug gut machbar, auch einzelne Unterkünfte vorhanden | **Tipp** Zum Inselgipfel Filo dell'Arpa schlängeln sich Saumpfade, oben lässt sich der erloschene Vulkankrater umrunden. Weniger schweißtreibend sind die Treppen zum Plateau der Chiesa di San Bartolo. Alle Wege weist die Karte »Metro Gradini« des Hafenbüros aus, die Entfernungen werden in Treppenstufen und Minuten für Auf- und Abstieg angegeben.

5 Die Sarazenenbrücke

1.000 Jahre alte Spitzbögen über einem Fluss

Seit stolzen 1.000 Jahren überspannt der Ponte dei Saraceni den Simeto, Siziliens längsten Fluss. Unter den Spitzbögen der »Sarazenenbrücke« rauscht das aufgewühlte Flusswasser durch die *forre laviche*, bizarr geformte Becken und Klüfte, die der Strom scharf aus dem dunkelgrauen Basalt gehöhlt hat.

Anders als der Name vermuten lässt, waren es nicht die Araber (auf Sizilien mit dem Begriff Sarazenen umschrieben), sondern die alten Römer, die die Bogenbrücke errichteten. Wahrscheinlich existierte sogar schon in der Jungsteinzeit an derselben Stelle ein Holzsteg, der den Handel zwischen den Siedlungen am Fluss erleichterte. Die Römer ersetzten den Steg später durch solides Mauerwerk und schlossen die Brücke an das Netz der *viae frumentariae* an, der antiken Handelsstraßen, auf denen das Getreide aus dem Hinterland zu den Häfen transportiert wurde, um es von dort nach Rom zu verschiffen.

Im 12. Jahrhundert, im Übergang von der arabischen zur normannischen Herrschaft, wurde das Gewölbe umgestaltet. Von wem, ist nicht ganz klar. Die einen meinen, nach einer Überschwemmung hätten die Araber das zerstörte Bauwerk neu aufgebaut. Andere sehen die Normannen als Umbaumeister. Sicher ist, dass die Restauratoren den römischen Kanon durch zweifarbige Spitzbögen ersetzten, mit schwarzen und durch Kalkbeimischung aufgehellten Lavablöcken. Der so entstandene Hell-Dunkel-Kontrast macht die Brücke bis heute zu einem Blickfang.

Ein weiteres Hochwasser brachte 1948 große Teile zum Einsturz. Von dem ursprünglichen Bauwerk ist nur noch der mittlere Bogen erhalten. Als Verkehrsweg hat die Brücke ausgedient, hohe Steinklötze versperren die Zufahrt. Wer über die Klötze klettert, wird überrascht: Der Übergang ist in drei Bodenwellen angelegt; zunächst überblickt man nur die ersten beiden Wellen, dann steht man unvermittelt am höchsten Punkt, wo der Mittelbogen spitz zuläuft, und hat das Gefühl zu schweben.

Adresse 95031 Adrano | Anfahrt von der SP 94 Abzweigung mit Hinweisschild nehmen, asphaltierte Strecke mit Schlaglöchern, Auto am Ufer abstellen und entlang der *forre laviche* zur Brücke laufen | Tipp Am Simeto-Ufer kann man verschiedenfarbige Kieselsteine sehen, die aus Lava entstanden. Mit etwas Glück stößt man auf klare bernsteinfarbene Kiesel und Muschelschalen, die Fossilien beziehungsweise deren Abdrücke enthalten. Das Gebiet gehört zum Naturschutzgebiet, flussaufwärts gelangt man zu sprudelnden Wasserfällen und einem kleinen See.

6 Mystische Megalithen

Siziliens geheimnisvolles Stonehenge

Ein Steinzeit-Sonnenkalender? Eine Kultstätte? Ein Friedhof? Niemand weiß genau, wozu Stonehenge in England gebaut wurde. Was man aber weiß: Die prähistorischen Steinkolosse sind nicht die einzigen auf der Welt. Auch in Peru stehen mysteriöse Monolithen. Auf Sizilien ebenfalls.

Argimusco, das sizilianische Stonehenge, liegt gut 1.000 Meter über dem Meer auf einer Hochebene zwischen den Nebrodi- und den Peloritani-Gebirgszügen. Ein magischer Ort, eingebettet in die Stille der Natur, aus der sich bis zu 20 Meter hohe Felsblöcke aus Quarzsandstein erheben. Regen und Wind haben sie zu eindrucksvollen Formen ausgewaschen, die die Phantasie beflügeln. Wer will, kann in den Felsformationen allerhand erkennen: Fruchtbarkeitssymbole, einen Krieger, ein Mammut oder eine Frau mit zum Gebet gefalteten Händen. Faszinierend ist der Adlerfelsen. Der König der Lüfte entsteht aus einer bestimmten Perspektive durch das Überlagern von fünfeckigen Blöcken: mit halb ausgebreiteten Flügeln und nach Süden gerichtetem Kopf, der in Richtung eines Höhlengrabs deutet.

Esoteriker und Okkultisten bezeichnen Argimusco als »Sternenspiegel«. Nach ihrer Lesart wurden die Felsstrukturen absichtlich so angeordnet, dass sie Sternbilder nachahmen. Zehn der vorhandenen Steinstatuen sollen demnach die Konstellationen des Sommerhimmels darstellen. Vieles deutet darauf hin, dass die Megalithen einst als Kultstätte dienten. Ein rechteckiges Becken könnte für rituelle Waschungen ausgehoben worden sein, an anderer Stelle führen sieben steinerne Stufen auf einen Felsbrocken.

Je nach Tageszeit und Blickwinkel verändern die Felsen ihr Aussehen. Maximal mystisch wird die Kulisse am späten Nachmittag, wenn die Sonne ihre letzten Strahlen auf die vermeintlichen Figuren und die sattgrünen Farnwiesen wirft, während der Ätna, das Capo di Milazzo und die Äolischen Inseln wie ein Chor ihren kultischen Reigen am Horizont aufführen.

Adresse Altopiano Argimusco, 98065 Montalbano Elicona | Anfahrt vom Ortsausgang auf der SP 110 Richtung Hochebene, an Kreuzung mit SP 115 nach rechts, ab hier ausgeschildert, nach einem erneuten Abbiegen links Monolithen auf der Anhöhe sichtbar, kurz danach Beginn des Fußwegs | Tipp In Montalbano Elicona scheint die Zeit in den Gassen aus altem Kopfsteinpflaster stillzustehen. Ein reizendes mittelalterliches Bergdorf mit Steinhäusern, Burg und zinnenbewehrter Stadtmauer. Die Fahrt von der Küstenstadt Falcone hierher bietet schöne Aussichten auf die Küste und die Wallfahrtskirche von Tindari mit einer schwarzen Madonna.

7 Cavagrande del Cassibile

Schwimmen in den Smaragdseen eines Canyons

Terrassenartige Seen mit klarem smaragdgrünem Wasser, verbunden durch Bachläufe und Wasserfälle in einer mit Steineichen bewachsenen Schlucht: Die Cavagrande del Cassibile ist ein paradiesisches Fleckchen Erde, das an die grünen Wadi-Oasen erinnert, die in den Wüsten des Oman zum Baden einladen.

In seinem unaufhaltsamen Lauf hat der Fluss Cassibile in Jahrmillionen sein Bett in den Kalkstein gegraben – ein zehn Kilometer langes Tal, in dem die Felswände stellenweise bis zu 300 Meter steil aufragen. Beckenförmige Seen (»i Laghetti di Avola«) entstanden, die zusammen mit rauschenden Wasserfällen ein 2.700 Hektar großes Naturschutzgebiet speisen.

Der bekannteste Zugang zur Schlucht ist der Wanderweg »Scala Cruci«, der allerdings nach einem Waldbrand 2014 wegen Erdrutschgefahr gesperrt wurde. Wenige wissen, dass es noch einen zweiten Zugang gibt: den sechs Kilometer langen Rundweg »Carrubella«. Man kann zwischen Zugang A (Steinstufen mit Geländer, schattiger) oder B (Saumpfad, kürzer) wählen. Beide Wege führen zu den Naturpools, zurück geht es dann einfach andersherum.

Beim Abstieg türmen sich die Felswände mit jeder Kurve noch eindrucksvoller auf. Wenn der kühle Hauch des Wassers die Haut zu kitzeln beginnt, hat man die Talsohle erreicht. Der Weg folgt nun dem Flusslauf. Er schlängelt sich durch eine üppige Landschaft mit wilden Orchideen (34 verschiedene Arten), Weiden, Oleander und Farnen. Schmetterlinge flattern und Libellen summen, Füchse, Stachelschweine und Schildkröten streifen durch Thymian, Salbei und Rosmarin. Die geschliffenen Steinufer erlauben an vielen Stellen bequeme Einstiege ins eiskalte Wasser, auch in den »Uruvu tunnu«, ein von Wasserfällen gespeistes Gewässer.

Der eigentliche Hauptweg ist zwar gesperrt, wundersamerweise tauchen allerdings immer wieder Kistenstapel auf, die über das Tor klettern lassen. Der Abstieg ist ungesichert, also: auf eigene Gefahr!

Adresse Carrubella, 96012 Noto | Anfahrt von Avola auf SP 4 10 Kilometer in Serpentinen bergauf, durch Avola Antica und vorbei an der Abzweigung zur »Cava Grande« bis zum Wegweiser »Carrubella«, rechts auf der unbefestigten Via Madonna di Lourdes zum kostenpflichtigen Parkplatz einer Farm | Tipp Die Avola-Mandel gilt als Königin der Mandeln. Ihr widmet sich das »Museo della Mandorla« am Rand von Avolas barocker weißer Altstadt, inmitten von Zitronenhainen, den Rebstöcken der nicht minder berühmten Rotweinsorte Nero d'Avola und selbstredend Mandelbäumen (Viale la Pira, Avola).

8 Das Haus »Oasi Blu«

Ein buntes Kuriositätenkabinett des Reisens

Das ist schräg. Aber auch absolut liebenswert. Mit ungläubigem Staunen betritt man die – ja, wie soll man es nennen? – »Hausinstallation« oder besser noch »Wohnwunderkammer« von Nino Rizzo. Der frühere Eisenbahner hat sich nach seiner Pensionierung vollends der Kunst verschrieben und sein Wohnhaus in eine vor Schöpferfreude sprühende Hommage ans Reisen verwandelt.

Beim Besuch der »Oasi Blu – L'arte del viaggio« weiß der Besucher gar nicht, wo er zuerst hinschauen soll. Schon die Hausfassade ist mit ihrem Balkon im marokkanischen Stil, den blauen Bögen und bunten Mosaiken ein Blickfang. Das ist aber noch gar nichts gegen das, was einen drinnen erwartet. Im Treppenaufgang, in der Küche, dem Bad, an der Decke, überall sind Souvenirs, Fahrkarten, Skulpturen und Krimskrams aus aller Welt drapiert. Ein herrliches Sammelsurium aus Kulturen, Kulissen und Kunst.

»Ich reise leidenschaftlich gern«, sagt Nino. »Früher habe ich buchstäblich alle drei Monate meinen Koffer gepackt, bereit für das nächste Abenteuer.« Zunächst lagerte er all seine Erinnerungsstücke in einem Flügel seines Elternhauses. Als die Eltern starben, zog Nino dorthin und schuf auf drei Etagen für jedes Erinnerungsstück den passenden Platz. Ein ganzes Zimmer gehört dem großen Marco Polo und seinen Stationen auf der Seidenstraße. Der Balkon zelebriert die Ästhetik portugiesischer Azulejo-Fliesen und die Ornamentik des Orients. Eine Zimmerecke ist dem Animismus gewidmet, eine Krypta Odysseus, dem Archetyp des Reisenden. Für die Ägyptenkammer hat Nino eigenhändig ein Königsgrab samt Mumie modelliert. Und wie es sich für ein Museum gehört, ist jedes Stück mit einem Infotext versehen.

Anfangs sei das alles nur ein »Rentnerhobby« gewesen, lacht Nino. Doch immer mehr Freunde meinten, das müsse jeder sehen. Also öffnet Nino nun allen seine Türen und führt mit großer Freude durch sein persönliches Kuriositätenkabinett.

Adresse Via Litterio 19/21, 90011 Bagheria | **Anfahrt** A 29/E 90, Ausfahrt Bagheria, im Kreisverkehr 2. Ausfahrt, 1 Kilometer geradeaus, dann rechts auf Via Prigione | **Öffnungszeiten** nach Absprache unter Tel. +39/333/6784392 oder über Facebook | **Tipp** Zum Weiterträumen empfiehlt sich ein Ausflug an die 15 Autominuten entfernte Caletta Sant'Elia. Eine bezaubernde Stadtbucht zwischen gelben Häusern mit hellblauen Türen, kleinem Strand und zwei Bars. Sie bietet sehr schöne Panoramapunkte zum Fotografieren, besonders von den Felsen am Rand der Bucht und bei Sonnenaufgang (Via Torre 6, Santa Flavia).

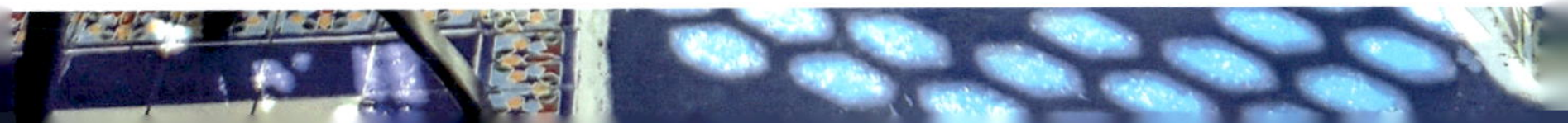

9 Die Monstervilla

Dieser Palazzo brachte Goethe zur Raserei

Die Surrealisten um André Breton und Salvador Dalí konnten dieser Villa viel abgewinnen. Johann Wolfgang von Goethe dagegen empörte sich zutiefst über ihr bizarres Antlitz. Mit niedergeschriebener Schnappatmung echauffiert sich der Bildungsreisende in seiner »Italienischen Reise« über all die »Spitzruten des Wahnsinns«.

Offiziell »Villa Palagonia«, entstand die vom Volksmund umgetaufte »Villa dei Mostri« um 1715, als sich das Küstenstädtchen Bagheria zu einem mondänen Vorort mit Sommerresidenzen des Palermitaner Adels entwickelte. 1749 übernahm der exzentrische Enkel den Palazzo: Fürst Ferdinando Francesco II. Gravina, Kammerherr am Hof der Bourbonen in Neapel, der hinter vorgehaltener Hand als Sonderling galt.

Der Fürst bestückte die Außenmauern mit 600 heute nicht mehr allzu grotesk wirkenden Tuffsteinskulpturen, die damals alle Regeln der Allegorie und Mythologie sprengten: Drachen, Gnome und Chimären, Pferde mit Menschenhänden, Ziegenmusikanten und bucklige Zwerge, spöttische Schweineritter, die mit Edeldamen tanzen.

Sein Sinn fürs Skurrile setzt sich hinter der gelb-weißen Fassade fort. Ein Heer von Handwerkern und Künstlern schuf eine verschwenderische Pracht an Intarsien, Mosaiken und Arabesken aus Stuck, Perlmutt und Halbedelsteinen. Das leider nicht erhaltene Mobiliar war nicht weniger abenteuerlich: Es gab ungleich abgesägte Stuhlbeine, Samtkissen mit versteckten Dornen, schiefe Böden. Im Spiegelsaal hingen Zerrspiegel, die die Welt auf den Kopf stellten. Es heißt, der Fürst habe den Menschen, die sich darin erblickten, ihre Eitelkeit und Zerbrechlichkeit vor Augen führen wollen. In der Kapelle, die für Gottesdienste geöffnet wird, hängt von der Decke ein Kruzifix mit dem Gekreuzigten, von dessen Nabel wiederum eine Kette abgeht, an der ein kniender Mann baumelt – angeblich ein Abbild des Fürsten, der Gott um Vergebung anfleht für die bittere Gesellschaft seiner Zeit.

Adresse Piazza Garibaldi 3, 90011 Bagheria | Anfahrt vom Bahnhof auf Corso Butera bis Corso Umberto, links abbiegen, Villa am Kreisverkehr | Öffnungszeiten täglich 9–13 und 15.30–17.30 Uhr (Winter), täglich 9–13 und 16–19 Uhr (Sommer) | Tipp Palermos Adel überließ seine Ländereien einst Verwaltern, die zu Siziliens wahren Herren wurden. Die Paten betrieben in den 1970ern in Bagheria die Labors der »Pizza-Connection«, die Heroin nach New York schmuggelte. Feudalherren und Mafiosi sind – offiziell – weg, ihre Villen noch da. Darunter die »Villa Cattolica«, ein Kunstmuseum mit Werken von Renato Guttuso vor verstörender Zementfabrik-Ruine (Via Ramacca 9).

10 Rote Tulpenfelder

Das Holland des Südens mitsamt Wunderöl

Wenn im Frühjahr die Blütezeit der Tulpen beginnt, verwandeln sich weite Landstriche in ein leuchtend rotes Blütenmeer. Wie ein mit Farbtupfern gewebter Teppich bedecken Blumen die geschwungenen Hügel, so weit das Auge reicht. Wir sind nicht in den Niederlanden, sondern in der urwüchsigen Berglandschaft am Südhang der Madonien. Hier, am Rand des Dorfes Blufi, sprießen Tulpen einer einzigen Art, der *Tulipa raddii* – benannt nach dem Florentiner Botaniker Giuseppe Raddi –, wild aus der Erde.

Die Wildtulpen gedeihen auf Ackerflächen, auf denen primär Getreide angebaut wird. Da ihre Zwiebeln jedoch bis zu 50 Zentimeter tief im Erdreich liegen, verkraften sie das Pflügen des Bodens unbeschadet. So stehen die Felder zwischen März und Mai ganz ohne Zutun der Bauern in voller Blüte. Typisch für die Raddii-Tulpen sind ihre scharlachroten Blütenblätter. Die Felder gehören der Diözese Cefalù, der Pächter, ein landwirtschaftlicher Familienbetrieb, weiß um den Wert der Wildblumen und hat unlängst ein paar Wege für Besucher angelegt.

Ursprünglich stammen die Tulpen aus Vorderasien und Syrien. Wie die Frühlingsblüher nach Blufi gelangten, ist nicht bekannt. Eine Theorie besagt, dass die Sarazenen sie vor Jahrhunderten mitbrachten. Eine andere führt den Ursprung auf das Mittelalter zurück, auf die Zeit der Kreuzzüge, als die Ritter des Malteserordens in der Gegend Rast machten und um eine Ölquelle ein Heiligtum errichteten – das eine eigene Erwähnung wert ist.

Denn die Tulpen sind hier nicht das einzige Wunder der Natur. Das Blütenmeer erstreckt sich zu Füßen des Santuario Madonna dell'Olio. Etwa 300 Meter von der Wallfahrtskirche entfernt sprudelt Mineralöl aus einer kleinen Quelle. Die Einheimischen schätzen das hier gewonnene »Marienöl« als Heilmittel gegen Hautkrankheiten. Sie schöpfen es aus einer vom Fett geschwärzten Felsnische und füllen das Wundermittel in Fläschchen ab.

Adresse Santuario Madonna dell'Olio, 90020 Blufi, www.itulipanidimadonnadellolio.it | Anfahrt auf der SP 138 vor Blufi die Abzweigung zum Santuario nehmen, Tulpenfeld unterhalb der Kirche | Öffnungszeiten während der Blütezeit stets zugänglich, Informationen zur Blütezeit siehe Website | Tipp In der Molkerei »Caseificio Bompietro« an der SS 290 verarbeiten die Käsemeister täglich Schafsmilch zu delikatem Käse. Köstlich sind der Ricotta und der mit Orangenschale und Thymian gewürzte Pecorino. Etwa 2,5 Kilometer vor Blufi führt ein kurzer Spaziergang durch eine verwunschene Landschaft zum vormittelalterlichen Ponte Romanico a Tre Archi.

11 Die sizilianischen Karren

Wie ein buntes Märchenbuch auf Rädern

Bunt bemalte Holzkarren rollten einst über die staubigen Straßen Siziliens. Das Hufgeklapper der Zugpferde mit ihren bestickten Halftern, Quasten und Federn hallte durch die Dörfer. Kinder drängten sich um die Einspänner und bestaunten die Bilder von Rittern, Prinzessinnen und Schlachten. »Jeder *carretto* war für uns ein Märchenbuch auf Rädern«, schwärmt Pippo Gullotti. Er zeigt auf ein nachkoloriertes Foto. Als Dreijähriger sitzt er neben seinem Vater, einem Fuhrmann, auf einem solchen leuchtend gelb-roten Wagen. Seine Familie sammelt sie seit mehr als 60 Jahren.

Einst brachten die Griechen die Karren nach Sizilien, und seitdem dienten sie als Haupttransportmittel für Weizen, Olivenöl und andere schwere Lasten. Ende des 18. Jahrhunderts kamen die ersten Bemalungen und Schnitzereien auf: Religiöse Motive sollten die Kutscher auf ihren Fahrten vor Unheil bewahren. Gleichzeitig zeigten die Verzierungen den Status des Besitzers: je aufwendiger, desto reicher. Später kamen Rittersagen und Opern hinzu.

Das Auto und die Ape verdrängten schließlich die traditionellen Fuhrwerke, die heute höchstens noch zu Volksfesten aus den Schuppen geholt werden. Einige alte Modelle sind in Museen zu bewundern, zum Beispiel im Regionalmuseum von Terrasini. Doch nirgendwo kommt man den dekorativen Meisterwerken so nahe wie bei Pippo.

In einer grell erleuchteten Halle auf dem Areal der familieneigenen Autowerkstatt führt Pippo mit aufrichtiger Leidenschaft durch die Sammlung. Jeder der 40 Wagen ist ein Unikat, im Originalzustand und von bedeutenden *carretto*-Künstlern (namentlich Di Mauro und Russo) bemalt. Bei einem Wagen sind in die Nussbaumachse unglaublich raffinierte Figuren geschnitzt, die man nur erkennen kann, wenn man in die Hocke geht. Ein anderer ist stilecht mit Fässern beladen und hinter ein Plastikpferd in vollem Ornat gespannt. Bei Pippo fühlt man sich wie ein Kind im Märchenland.

Adresse Contrada Cantera snc, Strada Provinciale 17iii, 95034 Bronte | Anfahrt auf den Hof der Autowerkstatt fahren, Museum linker Hand im Erdgeschoss des Mehrfamilienhauses, neben dem Tor Hausaltar mit Marienstatue | Öffnungszeiten nach Vereinbarung unter Tel. +39/095/691580 oder per E-Mail an info@carrettigullotti.it | Tipp Das 15 Autominuten entfernte Maletto ist das höchstgelegene Dorf am Ätna und für süße Erdbeeren sowie Wilderdbeeren bekannt. Kostproben bietet »I Sapori del Vulcano« an, eine Farm, die selbst gemachte Marmeladen verkauft (Contrada Roccaro, Maletto). Im Sommer wird zur »Sagra della Fragola« eine überdimensionierte Erdbeertorte angefertigt und an alle verteilt.

12 Die Stadt der Pistazien

Wo das grüne Gold auf schwarzer Lava gedeiht

Sich den Berghang hinunterwälzende Lava ist für die Dörfer des Ätna eine ständige Bedrohung. Auf der kurvenreichen Strada Etna Settentrionale fährt man an mächtigen erkalteten Lavaströmen vorbei, die sich teils meterhoch wie schwarze Klippen aufgetürmt haben. Mittendrin wachsen dunkelgrüne Pistazienbäume. Sie erinnern daran, dass Lava auch ihr Gutes hat: Aus ihr wird fruchtbare, mineralstoffreiche Erde.

Das Hügelland um Bronte gilt als eines der besten Anbaugebiete für Pistazien. Etwa ein Prozent der Weltproduktion entfällt auf Bronte – nach den Anbaugebieten im Iran, in den USA und in der Türkei. Feinschmecker schätzen die Bronte-Pistazie wegen ihres besonders aromatischen Geschmacks: süß und fruchtig mit fast fleischiger Konsistenz. Die Kerne sind länglich, außen violett und nach dem Schälen smaragdgrün, was auf einen hohen Chlorophyllgehalt hinweist.

Pistazienbäume werden bis zu 300 Jahre alt. Allerdings trägt ein Baum nur alle zwei Jahre Früchte – das macht sie so teuer. Grundsätzlich ist die Bronte-Pistazie robust und braucht weder gedüngt noch bewässert zu werden. Mit ihren knotenartigen langen Wurzeln wächst sie selbst an den steilsten Hängen. Ihre Früchte werden mühsam einzeln von Hand geerntet und trocknen unter der prallen Sonne.

Der Anbau ist wie bei Laura Lupo oft seit Generationen Familiensache. »'A Ricchigia«, zu Deutsch »Reichtum«, heißt das Landgut, auf dem Laura und ihr Mann auf zwei Hektar Pistazien anbauen, so wie es schon die Eltern taten. Inzwischen vermarkten sie die Früchte in der ganzen Welt. Doch ihre Leidenschaft gilt nach wie vor den Bäumen. Mit Freude führen sie Neugierige durch ihre Haine, lassen zur Erntezeit im August und September jeden mit anpacken. Anschließend darf man kosten, wie wunderbar Pistazien mit Mortadella harmonieren, Pesto für die Pasta verfeinern und köstliches Eis ergeben. Billig gesalzene Snack-Pistazien aus Bronte? Undenkbar.

Adresse Via Cardinale de Luca 115, 95034 Bronte (Geschäft) | Anfahrt Treffpunkt wird bei Buchung mitgeteilt | Öffnungszeiten Infos und Buchung bei »'A Ricchigia« per E-Mail an contatti@aricchigia.com oder unter Tel. +39/095/7723326 | Tipp Admiral Nelson war Englands größter Seeheld, sein Herrenhaus stand kurioserweise bei Bronte (Corso Giorgio Maniace 1, Maniace). Der Brite erhielt den Titel Herzog von Bronte 1799 als Anerkennung für seine Hilfe bei der Niederschlagung des Aufstands in Neapel. Seine Nachkommen bewohnten das Anwesen bis 1981, man kann den Landsitz besichtigen, den Familienfriedhof ebenso, wenn auch ohne Lord Nelson, der in der St.-Pauls-Kathedrale in London liegt.

13 Die Iglus der Eismacher

Eine neviera des früheren »Herrn des Schnees«

Europas Hitzerekord beträgt 48,8 Grad und wurde im August 2021 in der Nähe von Syrakus gemessen. Wen wundert es da, dass viele Sizilianer schon zum Frühstück Eis löffeln, genauer: Granita, eine Art Eissorbet aus Mandeln oder Zitronen, serviert mit einer fluffigen Brioche. Die Ursprünge dieser Tradition findet man in der Gegend um Buccheri, der höchstgelegenen Stadt der Monti Iblei.

Das von Schluchten durchzogene Kalksteingebirge war einst der zentrale Ort für das Sammeln, Konservieren und Vermarkten von Schnee. Bereits im 11. Jahrhundert ist die Verwendung von Eis zu medizinischen Zwecken dokumentiert. Der im Winter gefallene Schnee wurde in Höhlen eingelagert, wo er sich unter seinem Eigengewicht zu Eis verdichtete. Als ab dem 16. Jahrhundert der Adel auf die Idee kam, seinen Gästen aromatisiertes Eis zu servieren, stieg die Nachfrage. Immer mehr Händler spezialisierten sich auf dieses Geschäft. *Nivaroli* nannte man die Männer, die im Hochgebirge breite Mulden aushoben, in denen sich der gefallene Schnee sammeln konnte.

Allein um Buccheri entstanden 30 Schneefelder. Neben jedem stand ein Kuppelbau, *neviera* genannt, eine Art Iglu aus Vulkangestein. Durch ein Loch oben schaufelten die Arbeiter den Schnee hinein, durch eine Holztür unten schnitten sie ihn, zu Eis gepresst, wieder heraus. Auf Eselskarren wurden die Eisblöcke schließlich ins Tal transportiert, wo sich die hitzegeplagten Küstenbewohner mit dem Genuss von Granita abkühlten.

Einige Überreste der Stein-Iglus ragen in Buccheri noch aus dem Gestrüpp. Oberhalb des Borgo steht beispielsweise noch die »Neviera del Crocifisso« des Fürsten von Alliata, der als »Herr des Schnees« überregionalen Ruhm genoss. Das aus quadratischen Blöcken gemauerte Gewölbe ist in einem zehnminütigen Fußmarsch durch Pinienwälder und Brombeersträucher erreichbar. Ein netter Spaziergang, nach dem man sich auf eine kühle, fruchtige Granita freut.

Adresse Via Piave, 96010 Buccheri, www.nevieredisicilia.github.io | Anfahrt zur Chiesa del Crocifisso am Ortseingang, neben der »Pizzeria A Niviera« steiles Gässchen hinauf, besser unten parken und hochlaufen, oben querfeldein an den drei Holzkreuzen rechts vorbei und schräg hinauf durch den Pinienwald, nach etwa 50 Metern auf einer Lichtung Pfad durch Brombeersträucher zur Neviera | Tipp Auch Safran wird in den Monti Iblei angebaut. Bei Buccheri entdeckte Alessandro Triglia zufällig lila Safranblüten zwischen wildem Pfefferminz und Fenchel, seither betreibt er »L'Oro Rosso degli Iblei« und offeriert Kochkurse. Das Restaurant seiner Masseria »Lo Zafferaneto« an der SP 5 überzeugt mit einer auf Safran spezialisierten Küche.

14 Das Mumien-Museum

Wo Skelette im Edelgewand zum Leben erwachen

Ein Skelett im Spitzenkleid, das aus dunklen Augenhöhlen starrt. Ein lederhäutiger Herr mit Bartstoppeln, der selig lächelt, während der daneben gelangweilt dreinschaut: Tausende Besucher wagen jedes Jahr den Gang durch die Kapuzinergruft in Palermo. Fast 2.000 mumifizierte Körper ruhen in dem spärlich beleuchteten Tuffsteingewölbe. Die älteste Mumie datiert von 1599, weitaus berühmter ist die kleine Rosalia, die »schlafende Schönheit«.

So faszinierend Europas größte Mumiensammlung auch ist: Die Besucherströme machen es schwer, das Memento mori, um das es bei der Aufbahrung geht, in Gänze zu erfassen. Besser gelingt das in kleineren Gruften, wie es sie vielfach auf Sizilien in Kirchen und Klöstern gibt. Zum Beispiel in Burgio,100 Kilometer südlich von Palermo.

Als das 1647 erbaute Kapuzinerkloster des Dorfes saniert wurde, kamen 49 Mumien und Skelette mit Kleidung und Schmuck zum Vorschein. Es handelte sich um die vergessenen Überreste von Ordensbrüdern und Wohltätern aus dem 18. und 19. Jahrhundert. Mühevoll wurden Spinnweben, Staub und Insekten beseitigt, die Gebeine neu arrangiert, Kleidung und Körper gereinigt sowie desinfiziert. Auch die Grabbeigaben richtete man wieder her: kostbare Stoffe wie Samt, Seide, Taft, Leinen und Spitze, dazu Dornenkronen, Rosenkranzperlen, Hüte, Schuhe und Strümpfe.

Ihren erstaunlich guten Zustand verdanken die Mumien einer Technik, die sich von der altägyptischen Methode unterscheidet. Die Mönche entnahmen zunächst alle inneren Organe. Dann legten sie den Leichnam für ein Jahr in eine Abtropfnische, in der unter völligem Luftabschluss Flüssigkeiten abflossen. Schließlich stopften sie den ausgetrockneten Körper mit Stroh, Flachs oder Wolle aus und richteten ihn mit Hilfe von Stöcken auf. An die Wand gebunden, auf Bänken sitzend und in Särgen aufgebahrt, warten die »lebendigen Toten« seither im schönsten Gewand auf die Ewigkeit.

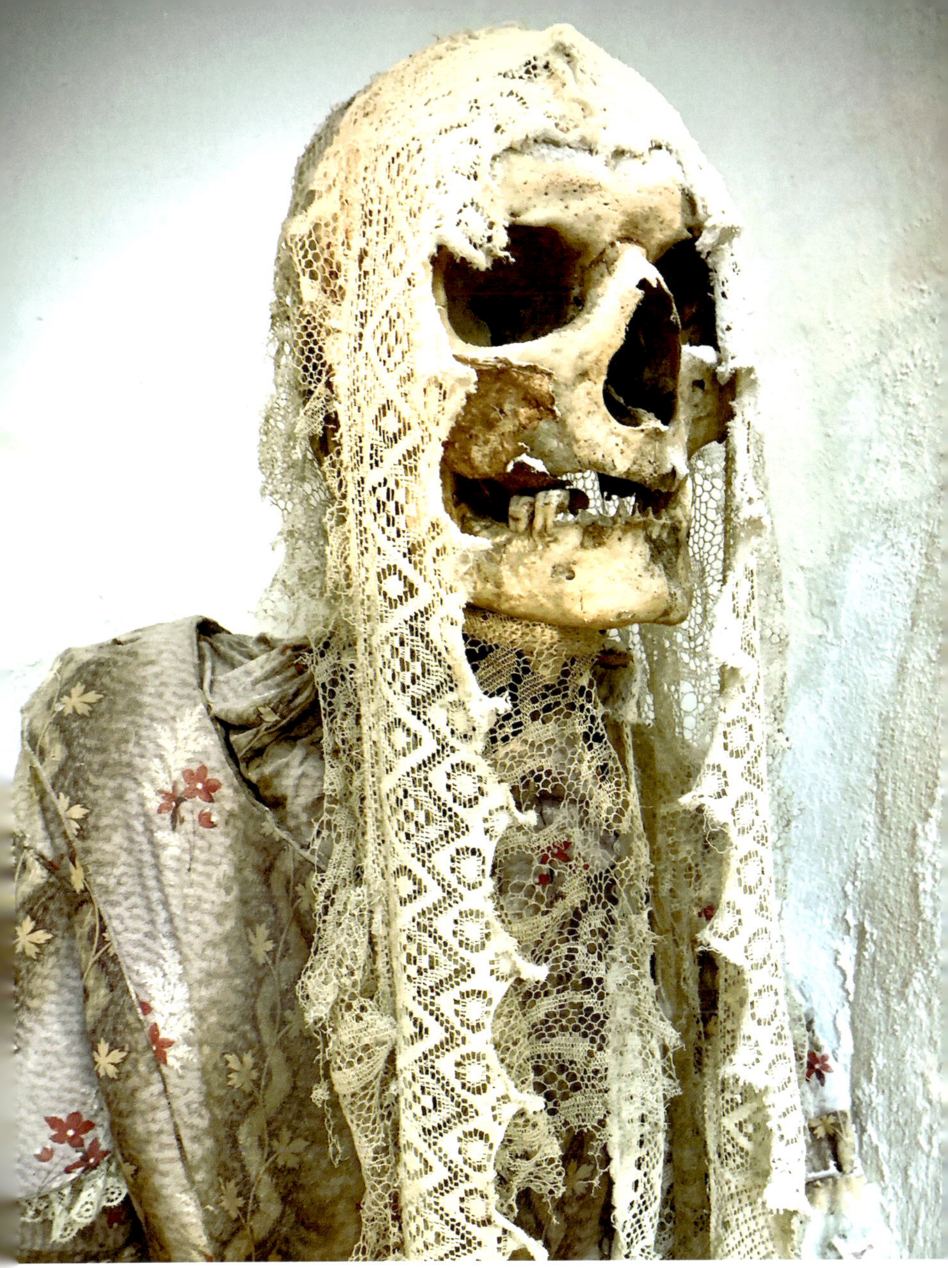

Adresse Via Concerie, 92010 Burgio | **Anfahrt** am Ortseingang am Kreisel der SS 386 | **Öffnungszeiten** Di – Sa 8.30 – 13 und 15 – 19 Uhr; Eintritt frei, Führungen übers Tourismusbüro unter Tel. +39/0925/65013 oder per E-Mail an comuneburgio.turismo@libero.it | **Tipp** An der Piazza Roma in Burgio sitzt Siziliens einzige Glockengießerei, noch dazu eine der ältesten Italiens. Die »Fonderia Campane Virgadamo Mario Di Luigi Mule' Cascio« fertigt seit dem Jahr 1500 Glocken aus Bronze, die selbst im Vatikan läuten. Anfassen ist erlaubt.

15 Das Museumsdorf

Ein Lehrgang zu Kelterknechten und Kesselflickern

Die Idylle des Landlebens ist allzu oft ein verklärtes Bild. Wie hart der bäuerliche Alltag war, davon zeugt das Dorf Buscemi. Als die Jugend den Alten den Rücken kehrte, schlossen sich Ende der 1980er Jahre auf Initiative von Rosario Acquaviva Nachbarn zusammen, um ihre verwaisten Häuser und Handwerksbetriebe für die Nachwelt zu erhalten. Buscemi verwandelte sich in ein Museumsdorf: Neun Stationen machen im Ortskern das alte Presshaus, die Schmiede und die Werkstätten von Schuhmacher, Kesselflicker und Schreiner zugänglich, außerdem zwei Wohnhäuser und am Dorfrand die Wassermühle »Santa Lucia«. Alle Ausstellungsstücke sind Originale: das Spinnrad, die Mühlsteine, das Kinderspielzeug aus Blech.

Spätestens im *palmento*, wo die »Kelterknechte« eine tonnenschwere Baumpresse nur mit ihrer Muskelkraft antrieben, wird die Härte der Landarbeit deutlich. Darüber können auch die bei Filmaufnahmen eingefangenen rhythmischen Gesänge nicht hinwegtäuschen, unter denen Männer die Trauben mit den Füßen zerquetschten.

So mancher kehrte abends erschöpft in sein Bruchsteinhaus in einer Gasse zurück, die sich heute hinter modernen Wohnblocks wegduckt. In den dunklen Verschlägen hinter groben Tuffsteinmauern wohnte auch ein *iurnataru*, ein bitterarmer Tagelöhner, mit seiner Familie auf zwölf Quadratmetern. Auf dem kalten Steinboden stapeln sich Bastkörbe, Tonkrüge und Kessel. In einer Ecke drängt sich die Feuerstelle, mit kargem Platz für Brennholz und ein paar Hühner.

Der Unterschied zum Haus des *massaru* ist frappierend. Als Gutsbesitzer konnte er seiner Familie vier geräumige Zimmer bieten. Es gibt eine reich ausgestattete Küche mit Brotbackofen, einen Webstuhl und ein Schlafzimmer samt Keramikpuppen, Schmuck und kostbarer Aussteuer. So ermöglicht Buscemi, dieses Freilichtmuseum, in dem noch etwa 1.000 Menschen leben, einen sehr anschaulichen Rundgang durch das Landleben Siziliens vor 50 Jahren.

Adresse Piazza Roma, 96010 Buscemi | Anfahrt SS 124, dann rechts der SP39 bis zum Ortskern folgen, Ticketverkauf am Corso Vittorio Emanuele links von der Chiesa di San Sebastiano | Öffnungszeiten Mo – Fr 8.30 – 13 Uhr oder auf Anfrage, Führungen nach Vereinbarung unter Tel. +39/377/3087583 oder per E-Mail an ecomuseobuscemi@gmail.com (nach dem Gründer Rosario Acquaviva fragen) | Tipp Im nahen Palazzolo Acreide serviert die »Trattoria del Gallo« (Via Roma 228) Hausmannskost der Monti Iblei, speziell *salsiccia* mit Fenchel. Die passende Stärkung, wenn am 29. Juni das Wahnsinnsspektakel »La Sciuta« steigt. Um 13 Uhr wird vom Dach der Basilica di San Paolo ein Feuerwerk gezündet, bei dem Abertausende knallbunte Schnipsel die Feiernden überfluten.

16 Der Tempel von Segesta

Inbegriff eines griechischen Ringhallentempels

Der Westen Siziliens vereint gleich drei bedeutende Tempelanlagen. Größter Besuchermagnet ist das »Valle dei Templi« in Agrigent, das jedes Jahr um die 600.000 Menschen in seinen Bann zieht. Der Park um den imposanten Concordia-Tempel ist, zumal abends, ohne Zweifel ein Erlebnis, aber oft auch völlig überlaufen. Überschaubarer ist Selinunt, das ebenfalls an der Südküste liegt und durch seine Lage über dem Meer einen besonderen Reiz ausübt. Allerdings wirkt die Stätte mit ihren kreuz und quer liegenden Säulentrommeln bisweilen wie ein Trümmerfeld aus 2.500 Jahren Geschichte. Nur der Hera-Tempel ragt wieder fast zur Gänze in den Himmel, wobei seine Überreste nach heutigem Wissen nicht originalgetreu zusammengesetzt wurden.

Das eigentliche Juwel des Trios ist Segesta im Norden. Eingebettet in eine liebliche Landschaft aus grün bewaldeten Hügeln, steht hier einer der besterhaltenen und schönsten dorischen Tempel. Auf einer Grundfläche von 21 mal 56 Metern erheben sich 36 mächtige Säulen, die in ihrer geometrischen Präzision und Ausgewogenheit ihresgleichen suchen. Den Tempel haben nicht die Griechen erbaut, sondern die Elymer – ein einheimisches Volk, das sich mit Athen verbündet hatte.

Zu seinem Glück wurde das Gebäude nicht fertig. Noch heute sind die Säulen mit einer zentimeterdicken Schutzschicht überzogen, die normalerweise entfernt wurde, um die dekorativen Rillen freizulegen. Weil das Heiligtum nie vollendet und folglich nie geweiht wurde, konnte es bei Eroberungen auch nicht öffentlichkeitswirksam entweiht werden, weshalb der Tempel alle Kriegswirren unbeschadet überstand. Dies ist umso bemerkenswerter, als Segesta 300 Jahre lang mit Selinunt im Clinch lag, in den selbst Großmächte wie Athen, Sparta und Karthago verwickelt waren. So schlicht der einsam auf einer Anhöhe gelegene Tempel wirkt, so großartig reduziert er die Idee des griechischen Tempels auf das Wesentliche.

Adresse Contrada Barbaro/SP 68, 91013 Calatafimi Segesta | Anfahrt A 29, Ausfahrt Segesta, nach wenigen hundert Metern kostenpflichtiger Parkplatz mit Shuttlebus zur Ausgrabungsstätte | Öffnungszeiten täglich 9–19.30 Uhr (Sommer), 9–17 Uhr (Winter), März, Okt. 9–18.30 Uhr, Pendelbus im Park | Tipp Auf einem Hügel im Osten des Tempels wurde 1.000 Jahre später ein griechisches Theater errichtet, die 20 Sitzreihen sind im Halbkreis in den Kalkstein gehauen. Von den Rängen hat man einen herrlichen Blick auf Castellammare del Golfo. Das Theater wird im Sommer für Freilichtaufführungen genutzt, die wegen der stimmungsvollen Atmosphäre beliebt sind.

17 Der Monumentalfriedhof

Zum Himmel strebende Gotik über Schiebegräbern

Der Tod ist eine Zumutung. Vielleicht sind viele Friedhöfe deshalb so prachtvoll: Ihre Würde macht das Undenkbare – die eigene Vergänglichkeit – erträglich. Das zeigt auf schöne Weise der Monumentalfriedhof von Caltagirone aus dem 18. Jahrhundert. Auf einem Hügel gelegen, von Pinien und Zypressen gesäumt, nennen ihn die Anwohner auch »Paradiesfriedhof«. Seit 1931 ist er ein italienisches Nationaldenkmal.

Im Vergleich zum Monumentalfriedhof in Messina, der als einer der bedeutendsten in ganz Europa gilt, protzt der Friedhof in Caltagirone mit weit weniger Marmorskulpturen, Friesen und Gemälden. Insgesamt wirkt die Anlage etwas ungepflegt, die Kieswege sind von Flechten überwuchert. Aber eine Besonderheit gibt es: Seine Architektur ist gotisch, was bei den Ruhestätten der »Insel des Barock« nur selten vorkommt. Vier elegante, hohe Arkaden fassen den Friedhof ein und bilden von oben betrachtet ein gotisches Kreuz. 160 Bögen werfen ihre schlanken Schatten auf das Kolumbarium, die Wände der aufgereihten Grabkammern. Gebaut wurde mit weißem Stein aus Ragusa, dunklem Vulkangestein und gelbrotem Terrakotta.

Die drei Hauptbauten reihen sich an der Nord-Süd-Achse auf: der Eingangsportikus, der Famedio für die Bestattung der Stadtberühmtheiten sowie das Beinhaus. Es lohnt sich, über eine der Treppen in die Gruften hinabzusteigen. Die Gewölbe bröckeln, verschimmeltes Fladenbrot und vertrocknete Blumen hängen trostlos zwischen den Gräbern. Teilweise sind die Marmorplatten aus den Nischen gebrochen und geben gruselig den Blick auf Särge frei.

In den kommenden Jahren könnte der Friedhof wieder aufgewertet werden. Wo sich die Arkaden zu einem achteckigen Platz weiten, soll nach dem Willen der Stadtverwaltung ein ökumenisches Gebäude entstehen. Ein Ort der Besinnung auf die Wurzel aller Religionen: das Geheimnis des Todes. Und das ist im tief katholischen Sizilien eine weitere Besonderheit.

Adresse Via Piazzale del Cimitero, 95041 Caltagirone | Anfahrt SS 124, rechts auf die Allee Via Giambattista Nicastro | Öffnungszeiten Sa, Do 9–13 Uhr, ansonsten 9–17 Uhr | Tipp Caltagirone ist mit mehr als 80 Werkstätten eine Keramikhauptstadt. Hier kauft man den für Sizilien typischen Keramikkopf »Testa di Moro«. Highlight ist die mit Kacheln bunt dekorierte Treppe von 1608, sie führt von der Piazza del Municipio über 142 Stufen zur Chiesa di Santa Maria del Monte mit Blick über die Stadt.

18 Das Schwefelmuseum

Als Kinder im Bergwerk gelbes Gift abbauten

Das Schwefelmuseum zeugt von einem erschütternden Kapitel der italienischen Geschichte: der Versklavung von Kindern in den Schwefelminen Siziliens. Seit der Antike wurde das kristalline Nichtmetall von intensiv gelber Farbe in der Schwefelebene nördlich und östlich von Agrigent abgebaut. Während der Stoff im Mittelalter hauptsächlich für die Herstellung von Schießpulver benötigt wurde, gewann die Schwefelsäure in den Industrieländern seit dem 19. Jahrhundert an Bedeutung.

Auf Sizilien waren um 1900 etwa 730 Bergwerke in Betrieb. Was die rund 38.000 Bergleute aus den Stollen förderten, entsprach damals 90 Prozent der Weltproduktion. Die europäische chemische Industrie, aber auch die USA und Japan waren zwischenzeitlich ausschließlich auf sizilianischen Schwefel angewiesen. Ein Gesetz verbot zwar, das gelbe Gift in der Nähe von Ackerland und Siedlungen zu verbrennen, doch die schädlichen Gase zogen durch Dörfer, Weinberge und Mandelhaine und vergifteten Menschen, Tiere und Pflanzen.

Besonders gefährdet waren die Schwefelarbeiter, unter ihnen unzählige Kinder. Laut einem Bericht von 1876 schleppten Kinder zwischen 7 und 18 Jahren den Schwefel wie Lastesel beladen aus der Mine. Diese sogenannten *carusi* wurden nach dem System *soccorso al morto* (in etwa: »tote Hilfe«) angeheuert: Eltern, die in bitterer Armut lebten, erhielten einen Vorschuss von 100 bis 200 Lire, den ihr Kind durch seine Schufterei zurückzuzahlen hatte. Der Lohn betrug jedoch nur wenige Cent pro Tag, von dem noch die Kosten für das Essen abgezogen wurden. An eine Rückzahlung war also nicht zu denken. Die Kinder wurden praktisch als Sklaven an die Minen verkauft.

Wegen der unmenschlichen Arbeitsbedingungen waren die Schwefelarbeiter die Ersten, die Gewerkschaften gründeten. Schließlich setzte die Billigkonkurrenz aus den USA die Minenbetreiber unter Druck. Heute sind Siziliens Schwefelminen stillgelegt.

Adresse Via Papa Giovanni XXIII, 93010 Montedoro | Anfahrt von Caltanissetta SS640 bis zur Auffahrt Canicattì Nord in Salice fahren, auf SP Serradifalco–Motedoro abbiegen, links auf SP 23 bis Montedoro, kurz nach dem Ortseingang rechts | Öffnungszeiten nach Absprache unter Tel. +39/345/4243223 oder per E-Mail an stargeo2013@gmail.com | Tipp Das Schwefelmuseum ist Teil eines Wissenschaftsparks auf dem Monte Ottavio. In einer Sternwarte kann man durch das größte Teleskop Siziliens in den meist sternenklaren Himmel blicken – bis zu Saturn und Jupiter. Im Planetarium finden oft Vorführungen, Weinverkostungen und Kinder-Events statt.

19 Mahnmal eines Massakers

Im Gedenken an den Mafia-Richter Giovanni Falcone

Der 23. Mai 1992 hat sich tief in das kollektive Gedächtnis Italiens eingebrannt. An jenem schwülen Samstag explodierten um 17.57 Uhr in einem Abwassertunnel unter der Autobahn Palermo–Trapani 500 Kilogramm Sprengstoff, gezündet von einer Funksteuerung für Modellflugzeuge. Die gewaltige Explosion hinterließ eine apokalyptische Szenerie: brennende Autowracks, aufgerissene rote Erde, zerfetzte Leitplanken. Fünf Menschen starben. Einer der Toten war Giovanni Falcone, ein Richter und der größte Mafia-Jäger des Landes.

Falcone hatte zuvor im sogenannten »Maxi-Prozess« rund 400 zum Teil hochrangige Mitglieder der Cosa Nostra vor Gericht gebracht. Die Paten planten ihre Vergeltung genau. Sie führten Geschwindigkeitstests durch und brachten Markierungen an, um die Millisekunden auszugleichen, die der Impuls brauchte, um den Zünder auszulösen. Sie fällten Äste, die die Sicht auf die Autobahn versperrten, und benutzten ein Skateboard, um die Sprengstoffmischung in den Abflusskanal zu schieben.

Falcone wurde zusammen mit seiner Frau und drei Leibwächtern in die Luft gesprengt. Sein enger Vertrauter Paolo Borsellino fiel gut zwei Monate später einer Autobombe zum Opfer. Beide Morde sollen von Totò Riina in Auftrag gegeben worden sein. Riina galt als der »Boss der Bosse« und wurde 1993 zu 13-mal lebenslänglich verurteilt. Er starb 2017 im Hochsicherheitsgefängnis.

Am Anschlagsort steht heute ein Mahnmal. Der braune Obelisk ist unspektakulär. Gerade das macht aber deutlich, wie ungeheuerlich das war, was an einem gewöhnlichen Frühsommerabend hier geschah. Rechts vom Obelisk liegt der Kanal, vor dem Menschen Blumen niederlegen. Frisch gepflanzte Bäumchen tragen Schilder mit den Namen weiterer Mafia-Opfer. Schaut man hinterrücks den Hügel hinauf, erkennt man ein weißes Gebäude, auf dem in schwarzer Schrift »No Mafia« steht. Dort drückten die Attentäter den Knopf, um den Sprengstoff zu zünden.

Adresse A 29/Via Rocco Chinnici, 90040 Isola delle Femmine | Anfahrt von der A 29 Richtung Palermo-Zentrum, Ausfahrt Capaci, der Beschilderung folgen | Tipp Wer nach dem Besuch des Mahnmals Zerstreuung braucht, findet sie auf der Isola delle Femmine. An den diversen Badestellen entlang der Landzunge und der ihr vorgelagerten Insel fällt der Meeresgrund sanft ab und man kann weit ins Wasser hineinlaufen. Auch zum Strand von Mondello ist es nicht weit, sein feiner weißer Sand und die karibisch anmutende Klarheit des Wassers machen ihn zum bevorzugten Strand der Palermitaner.

20 Die Fiumara d'Arte

Freiluft-Skulpturenpark vom Meer bis ins Gebirge

Die Anspielung auf eine Vulva ist nicht zu übersehen. Dieser nach oben hin eng zulaufende Bogen in Terrakotta-Rot. Der Zugang, der den Eintretenden wie in einen großen Schoß aufnimmt. Ein Korridor, der konzentrisch zur Mitte führt, wo ein Olivenbaum steht, das griechische Symbol für Weisheit und Wissen.

Das »Labirinto di Arianna« ist eine Hommage an Ariadne, die in der griechischen Mythologie Theseus das Garnknäuel gab (»Ariadnefaden«), mit dessen Hilfe er aus dem Labyrinth entkam. In Form einer riesigen Spirale erstreckt es sich über ein Hügelplateau bei Castel di Lucio. Es ist die eindrucksvollste Installation der »Fiumara d'Arte«, eines Ensembles von zwölf Freiluftskulpturen. Sie umrahmen und kontrastieren ihre Umgebung oder verschmelzen mit ihr.

Für einen Besuch nimmt man sich am besten einen Tag Zeit, da die Skulpturen über fast 100 Kilometer verstreut liegen. Einem ausgetrockneten Flussbett folgend, schlängelt sich ein Rundkurs von der Küste über kurvige Landstraßen durch kleine Dörfer in die Nebrodi-Berge hoch. Wer weniger Zeit hat, dem seien neben dem Labyrinth zwei weitere Installationen empfohlen: Das »Monumento per un poeta morto« (Denkmal für einen toten Dichter) ist ein gigantischer blauer Bilderrahmen ohne Leinwand, da der Himmel, der sich hier an der Strandpromenade von Torremuzza ständig verändert, die größten Kunstwerke erschafft. In Motta d'Affermo steht die Pyramide »38° Parallelo«, in die zur Sommersonnenwende ein Lichtstrahl eintritt, der das Innere erhellt.

Das Projekt begann 1982, als der Kunstsammler Antonio Lo Presti zu Ehren seines verstorbenen Vaters ein Kunstwerk in Auftrag gab. Es sollte ein Geschenk an die Allgemeinheit werden – die Idee für einen Freiluftpark war geboren. Nach juristischem Hin und Her wegen vermeintlicher »Verunstaltung der Natur« wurde die Fiumara d'Arte schließlich anerkannt. Heute gilt sie als einer der größten Skulpturenparks Europas.

Adresse Labyrinth: Contrada Scifo, 98070 Castel di Lucio; Bilderrahmen: Via Lungomare Colonna, Torremuzza; Pyramide: Motta d'Affermo | Anfahrt Beginn und Ende der Ringroute an der SS 113, alle Skulpturen ausgeschildert und in Google Maps verzeichnet, Karte mit Routenvorschlägen unter www.ateliersulmare.com | Tipp Im Fischerdorf Castel di Tusa lässt sich nach der Rundfahrt am Meer entspannen. Die Spiaggia Lampare liegt an der Promenade Via Cesare Battisti unterhalb der Festung. Kein Sand, sondern Rundkies, dafür wird der Küstenabschnitt regelmäßig für seine Wasserqualität ausgezeichnet.

21 Die Pasticceria Fiasconaro

Ein Bergdorf backt den weltbesten Panettone

Die duftenden Panettoni von »Fiasconaro« standen schon bei drei Päpsten auf der Kaffeetafel. Sogar in den Weltraum hat es das überirdisch schmackhafte Hefegebäck geschafft, an Bord der NASA-Raumfähre »Discovery«. Die bunten Blechdosen, die Dolce & Gabbana als Sonderverpackung designen, sind Sammlerstücke.

Eigentlich ist der Panettone ein Mailänder Weihnachtsgebäck. Doch dem Konditormeister Nicola Fiasconaro ist es gelungen, seine Interpretation als »Haute Pasticceria Siciliana« zu etablieren. Seine Familiengeschichte begann ganz bescheiden in Castelbuono, einem verschlafenen Dorf aus dem 14. Jahrhundert mitten im bergigen Madonien-Nationalpark. 1953 eröffnete Vater Mario eine Eisdiele auf dem Dorfplatz. Die Nachbarn schätzten seine köstliche Zitronen-Granita.

Als Marios drei Söhne in den 1990er Jahren das Geschäft übernahmen, wuchs Fiasconaro zu einer mehrfach preisgekrönten *pasticceria*, die ihre Köstlichkeiten in über 60 Ländern verkauft. Trotz des Erfolgs bedient Fausto weiter persönlich in der Bar, während Nicola in der Backstube der nahen Fabrik den buttrigen Hefeteig mit kandierten Früchten formt und neue Kreationen ausprobiert. Bald soll sein Sohn übernehmen, der wie zu Ehren des Gründers Mario heißt.

Die Bar liegt unverändert am Dorfplatz mit dem Brunnen. Das ganze Jahr über kann man hier das genießen, was es sonst nur an Festtagen gibt: erstklassige Panettoni und Colombe, außerdem Pistaziencreme, Torroncini, Makronen und Konfitüren. Für seine Backwaren verwendet Fiasconaro Natursauerteig, der anders als bei der industriellen Konkurrenz bis zu drei Tage ruhen darf und deshalb herrlich saftig bleibt. Veredelt wird er mit den besten Rohstoffen der Insel: Bronte-Pistazien, Modica-Schokolade, sonnenverwöhnten Aprikosen, Avola-Mandeln und nicht zuletzt dem Manna der Madonien, jenem »Nektar der Götter«, den es nur noch auf Sizilien gibt.

Adresse Piazza Margherita 10, 90013 Castelbuono | Anfahrt entlang der kurvigen SS 286 mit Bergpanorama, hinter dem Castello dei Ventimiglia parken und zu Fuß in die Altstadt | Öffnungszeiten täglich 8–21 Uhr | Tipp Seit der Ortskern für den Verkehr gesperrt wurde, sammeln in Castelbuono Esel den Müll ein. Werktags traben vier graue Langohren mit Kisten auf dem Rücken durchs Dorf, seit Kurzem spürt auch ein Hund achtlos weggeworfenen Plastikmüll auf. Sizilien hat ein großes Problem mit illegal entsorgtem Müll, da sind die Tiere nicht nur sympathisch, sondern auch gut für die Natur.

22 Der Stechpalmen-Wald

Wo die höchsten Stechpalmen Europas wachsen

Wer diesen Wald betritt, taucht in einen märchenhaften Ort ein, der von Feen und Kobolden bewohnt zu sein scheint. Ein Mikrokosmos der Stille, des gedämpften Lichts und nach Unterholz duftender Luft. Die Rede ist vom »Bosco degli agrifogli giganti«, dem »Wald der gigantischen Stechpalmen«. Manche bezeichnen ihn als »Kathedrale der Natur«. Schon der Eingang ist beeindruckend, und ja: Eingang ist das passende Wort. Denn die Stechpalmen bilden eine Art Torbogen, unter dessen üppigem Blätterdekor der Wanderer hindurchschreitet.

Der Stechpalmenwald liegt auf 1.400 Meter Höhe und kann mit einem Rekord aufwarten: Es ist der einzige in Europa, in dem so hohe Stechpalmen wachsen. Bis zu 14 Meter hoch und über 400 Jahre alt sind die riesigen Gewächse, die sich auf einem Hektar im bergigen Madonien-Naturpark ausbreiten. Das Blätterdach der über 300 Baumriesen ist so dicht, dass nur wenig Sonnenlicht durchdringt, was die verwunschene Atmosphäre erklärt. Zwischen den moosbewachsenen Laubgehölzen stimmen versteckte Vögel ihren Gesang an.

Zu den Stechpalmen führt ein gut ausgeschilderter Naturlehrpfad. Der Wanderweg beginnt an der »Crispi«-Hütte von Piano Sempria im Wald von Castelbuono und durchquert ein Gebiet mit Steineichen, die durch den kräftigen Wind und das Knabbern der freilaufenden Ziegen eine seltsame Kegelform angenommen haben. Auf halber Strecke kommt man an einer idyllisch gelegenen, aus Feldsteinen gemauerten und mit einem Schilfstrohdach bedeckten Schutzhütte vorbei. Hier, am sogenannten Piano Pomo, kann man eine Rast einlegen und das Bergpanorama auf sich wirken lassen.

Im Spätherbst und Frühwinter zeigt der Wald seine ganze Schönheit. Dann sind die Zweige über und über mit den charakteristischen roten Beeren bedeckt. So kennt man die Stechpalme schließlich am besten: als Weihnachtsschmuck, mit dornigen dunkelgrünen Blättern und leuchtenden Beeren.

Adresse Start des Wanderwegs am Refugio Ferdinando Crispi, Contrada Piano Sempria, 90013 Castelbuono | Anfahrt nach Piano Pomo zwischen Petralia Sottana und Castelbuono, schmale, von Schlaglöchern übersäte Straße zur Hütte auf 1.250 Meter Höhe | Tipp Im mittelalterlichen Borgo Geraci Siculo führt ein gläserner Steg über eine Schlucht. Wer ihn betritt, schwebt gefühlt im Nichts, mit atemberaubendem Panorama unter den Füßen. Die Bezeichnung »Salto del Ventimiglia« rührt daher, dass sich der namensgebende Graf hier mit seinem Pferd in die Tiefe gestürzt haben soll, um seinen Feinden zu entgehen (Via Francesco Ventimiglia 27).

23 Die Bar Turrisi Minchia

Penisse, so weit das Auge reicht

Was macht ein Verehrer der griechischen Mythologie, der in seiner näheren Umgebung Symbole handfester Manneskraft vermisst? Er eröffnet eine Bar und bestückt sie mit Phallussymbolen. Nicht nur Salvatore Turrisi aus Castelmola hielt das für eine grandiose Idee. Als noch junger Mann beschloss er 1947, einen öffentlichen Raum zu schaffen, an dem er seiner Vorstellung von Männlichkeit Ausdruck verleihen konnte – gleich neben der Dorfkirche.

Er nannte seine Bar »Turrisi Minchia – La Taverna del Mandorlo Fiorito«, wobei der Begriff *minchia* auf den zentralen Einrichtungsgegenstand verweist. Er präsentiert sich in Groß oder Klein an allen Ecken und Enden und in allen erdenklichen Formen: als Türklinke und Bodenmosaik, als Kerzenständer und monströse Holzskulptur, als Wasserhahn im Bad und als Bauernfigur auf dem Schachbrett. Wie in der griechischen Mythologie wirkt die explizite Darstellung erstaunlicherweise überhaupt nicht vulgär, sondern eher kunstfertig und geschichtsbewusst.

Turrisis Bar war damals natürlich ein Skandal für die Dorfbewohner. Trotzdem blieb das Lokal, wurde von Generation zu Generation weitergegeben, von Salvatore an seinen Sohn Giuseppe, dann an den Enkel. Die Beharrlichkeit zahlte sich aus. Heute erstreckt sich die Bar über vier Etagen, und das von außen unschwer an den roten Sonnenschirmen auf den Balkonen zu erkennende Gebäude ist die bekannteste Sehenswürdigkeit Castelmolas.

Viele Stammgäste kommen nicht (nur) wegen der extravaganten Einrichtung, sondern um den hauseigenen Mandelwein zu kosten. Der süße bernsteinfarbene Likörwein wird nach einem Aufgussverfahren der alten Griechen mit Mandeln, Kräutern und Zitrusessenzen aromatisiert und gilt passenderweise als Aphrodisiakum. Die Bar Turrisi lässt ihn exklusiv in Marsala herstellen. Und serviert den Wein am Tresen – wie nicht anders zu erwarten – aus einer Flasche in Penisform.

Adresse Via Papa Pio IX 19, 98030 Castelmola, www.turrisibar.it | **Anfahrt** vor der Altstadt parken, zu Fuß über eine Treppe zur Piazza Sant'Antonino hinauf und von dort Richtung Kirche gehen | **Öffnungszeiten** täglich 9–23 Uhr | **Tipp** In fünf Minuten ist man zu Fuß auf dem Kamm, wo die malerische rostrote Chiesa di San Biagio das Meer und den Ätna überblickt. Schon der Weg ist schön, sowohl der Abstieg von Castelmola ab der Via Circonvallazione Sud als auch der 40-minütige Aufstieg von Taormina auf dem »Sentiero dei Saraceni«.

24 Die Cuba Bizantina

Eine byzantinische Kapelle im Weinanbaugebiet

Castiglione di Sicilia ist Weinliebhabern als *Città del vino* ein Begriff. Rund um die »Weinstadt« gedeihen auf steilen Hängen und archaisch anmutenden Terrassen die Trauben für die Charakterweine des »Etna DOC«: rubinroter Nerello Mascalese, nach Nero d'Avola die zweithäufigste Rebsorte Siziliens, und strohgelber Carricante. Das Terroir legt sich wie ein Gürtel um den Ätna-Kegel bis zu seinen Gipfelkratern am Nordhang. Die Böden bestehen aus feinkörnig verwittertem Vulkangestein und strotzen nur so vor Nährstoffen und Mineralien.

Wer bei den Winzern auf Verkostungstour geht, sollte einen Abstecher zur Cuba Bizantina di Santa Domenica machen. Der würfelförmige Bau liegt nur drei Kilometer von Castiglione entfernt, kurz vor den bizarr ausgehöhlten grauen Basaltgumpen des Alcantara-Flusslaufs.

Die Cuba ist eine byzantinische Kapelle, die wahrscheinlich im 7. Jahrhundert aus Lavablöcken, Mörtel und Lehm erbaut wurde. Ähnliche Kuppelbauten finden sich in Castelvetrano oder Malvagna, aber diese Cuba ist die am besten erhaltene im Osten. Vor allem ist sie original, wurde also im Laufe der Jahrhunderte weder umgebaut noch anderweitig genutzt, wenn man von den Schafen absieht, die vor der Restaurierung hier herumtrotteten. Spuren von Putz und Farbe lassen vermuten, dass der Innenraum ursprünglich mit frühchristlichen Fresken bemalt war, die mit der Zeit verblasst sind. Auch einen Narthex, eine Vorhalle vor dem Hauptportal, das heute durch ein schmiedeeisernes Tor verschlossen ist, gab es wohl.

Die byzantinische Sakralarchitektur war im Gegensatz zur römischen streng geometrisch. So hatten die Kuben die Form eines griechischen Kreuzes mit quadratischem Grundriss, eine Kuppel, einen Zentralraum und in der Regel drei Apsiden. Durch eine nach Osten gerichtete Öffnung in der hinteren Apsis fällt das Licht der aufgehenden Sonne, während sie sich wärmend auf die knorrigen Weinreben legt.

Adresse Contrada Sciambro, 95012 Castiglione di Sicilia | Anfahrt von der SP 7ii holprige Pflasterstraße zwischen Trockenmäuerchen bis zur Cuba | Öffnungszeiten immer zugänglich | Tipp Die Winzerfamilie Planeta führt Besucher nach Voranmeldung in der Cantina Feudo di Mezzo durch den Weinberg Sciaranuova, wo sie ihren »Eruzione 1614« keltert, benannt nach Siziliens heftigstem, zehn Jahre dauerndem Ausbruch. Eine Folge der Netflix-Serie »The White Lotus« wurde im Hain gedreht.

25 Die Ferrovia Circumetnea

Diese Schmalspurbahn zuckelt einmal um den Vulkan

Auf schmalen Schienen, kaum eine Armlänge breit, rumpelt eine altertümliche Eisenbahn rund um den Ätna. Vor dem Zugfenster ziehen die azurblaue Küste, üppige Feigen-, Orangen- und Olivenhaine, später Hangterrassen mit knorrigen Weinstöcken vorbei, bevor plötzlich pechschwarze Lavafelder am Gleis auftauchen.

Die »Ferrovia Circumetnea« ist über 120 Jahre alt. Im Jahr 1895 wurde ihre 950-Millimeter-Spur für die Bauern in Betrieb genommen, heute befährt sie die letzte Strecke des früher ausgedehnten Schmalspurbahnnetzes. Ihre Dieseltriebwagen schnaufen den Ätna hinauf und umrunden ihn auf 110 Kilometern einmal komplett.

Der Zug schiebt sich durch enge Tunnel, überquert Brücken und Viadukte. Insgesamt dauert die Fahrt gut dreieinhalb Stunden, es ist aber auch möglich, nur Teilstrecken zu wählen. Der Zug hält 32 Mal. Manche Stopps bieten Gelegenheit, Relikte aus alten Eisenbahnzeiten zu entdecken, zum Beispiel in Bronte auf halber Strecke. Der Lokschuppen des etwas heruntergekommenen Bahnhofs ist die letzte Station einer Mascali 1894, eines Schmuckstücks aus der Dampflok-Ära. Der Abschnitt zwischen Bronte und Randazzo ist überhaupt der aufregendste. Zuerst schlängelt sich der Zug am Rand des Nationalparks entlang, hinauf in die bizarre Mondlandschaft aus Lavageröll, und erreicht schließlich den höchstgelegenen Ort: Maletto, der für süße Erdbeeren bekannt ist und auf rund 970 Metern liegt.

Auf der Talfahrt hält der Zug in Randazzo. Als der Ätna 1981 ausbrach, stoppte der Lavastrom erst kurz vor den ersten Häusern des gerade einmal 15 Kilometer vom Hauptkrater entfernten Ortes. Eine einsame Hauswand-Ruine (»Ruderi di Casa Scala«) steht als stummer Zeuge inmitten meterhoher Brocken. Wenige Kurven später rückt das Meer wieder ins Blickfeld und kurz darauf das Ziel, die Hafenstadt Riposto. Diese Zugfahrt ist nicht nur eine Reise durch die Vergangenheit, sie bündelt auch alle Gegensätze der Insel.

Adresse Startpunkt: Catania Borgo, Via Caronda 352/A, 95128 Catania, www.circumetnea.it | Anfahrt Fahrkarten an den Schaltern und Automaten der Ferrovia Circumetnea (FCE) in Bahnhöfen und Metro-Stationen oder über die App FCE Catania, bei defekten Automaten Schaffner ansprechen, Fahrradmitnahme nur in den neueren Zügen erlaubt | Tipp Rund 170 Weinbauern haben sich an den Ätna-Hängen niedergelassen, daher auch der Name »Klein Burgund«. Auf der Tour »Strada del Vino dell'Etna« kann man junge wie renommierte Winzer auf einzigartige Weise kennenlernen. Los geht es in Piedimonte Etneo mit der Circumetnea und dazwischen mit Bussen zu ausgewählten Weingütern (www.stradadelvinodelletna.it).

26 Der Fischmarkt

Die raue Welt der Seefahrt mitten in der Stadt

Lautstark preisen die Fischhändler mit ihren wettergegerbten Gesichtern ihren Fang der Nacht an. Mit riesigen Hackmessern zerteilen sie die meterlangen Schwert- und Thunfische. Sie filetieren die silbrig-blauen Sardinen, knacken Seeigel und säubern die Kraken, die auf wackeligen Holztischen oder in Styroporbehältern auf Plastikbottichen ausliegen. Ihre roten Marktschirme spiegeln sich auf dem Boden aus schwarzem Lavastein, der getränkt ist mit Wasser, Blut und Fischabfällen. Der salzige Geruch des Meeres liegt in der Luft.

Eben noch ist man durch die engen Gassen im Herzen Catanias geschlendert und hat Instagram-taugliche Fotos von den Regenschirmen geknipst, die sich als bunte Schattenspender über der Via Cisira und der Via Pardo im Wind wiegen, schon taucht man ein in die raue Welt der Seefahrt und steigt die Stufen hinab zum Fischmarkt »La Pescheria« oder – im Dialekt – »A' Piscaria«.

In einer Stadt der Seefahrt, mit dem Ätna im Rücken und dem Ionischen Meer vor Augen, weiß man fangfrischen Fisch zu schätzen. Anders als auf manch anderem Markt wird er nicht zum folkloristischen Beiwerk degradiert, sondern die Catanesen versorgen sich hier wie eh und je mit Fisch, den sie zu Hause zubereiten. Auf dem Markt selbst isst man, von wenigen Tischen abgesehen, auf der Straße, zwischen den Ständen, im Gedränge. Wer Glück hat, darf eine rohe Garnele mit Zitronenspritzer probieren.

Seit einiger Zeit gibt es auch *risto-pescherie*, Fischläden mit einer gut sortierten Theke, die zusätzlich Speisen anbieten. Sie sind billiger als das klassische Fischrestaurant und weniger prätentiös, man isst *Spaghetti alle Vongole* oder *Fritto misto* auf Papiertischdecken mit Plastikgeschirr. Dafür ist alles fangfrisch. Vorreiter war die »Pescheria Fratelli Vittorio« einer alteingesessenen Fischhändlerfamilie, die am Eisenbahnviadukt serviert, was die Fischer an dem Tag anbieten.

Adresse Piazza Alonzo di Benedetto, 95131 Catania | Anfahrt über SS 114, am großen Kreisverkehr mit den Archi della Marina, wenige Parkplätze in der Via Jonica | Öffnungszeiten Mo–Sa 8 Uhr bis mittags; früh dort sein, gegen 10 Uhr vieles ausverkauft | Tipp Auf der Via Crociferi prunken Cantanias prächtigste Kirchen und Palazzi. Das Benediktinerkloster erkennt man am Arco di San Benedetto, der sich anthrazitfarben über die Straße spannt. Er verbindet die Abtei mit der »Badia piccola«, in der sich das MacS, das Museum für zeitgenössische Kunst, befindet. Ein Geheimtipp für Kunstliebhaber, die sich für figurative Strömungen der Gegenwart interessieren (Via San Francesco D'Assisi 30).

27 Das Viertel San Berillo

Auf einen Drink mit Street-Art ins Rotlichtviertel

Die würzigen Dämpfe aus den Küchen der senegalesischen Big Mamas überziehen das Straßengewirr, in das fast nie das Sonnenlicht dringt, und vermischen sich mit den schweren Parfüms aus den Zimmern der »working ladies« – vielfach Transvestiten und Transsexuelle –, dem Rauch der Holzkohle im Winter und süßlichem Marihuanaduft.

Versteckt hinter den prächtigen Palazzi des Corso Sicilia, auf halbem Weg zwischen Bahnhof und Hafen, liegt San Berillo. Das Viertel ist ein Zufluchtsort der Ausgegrenzten, die nirgendwo anders ein Zuhause oder ein Zeichen der Zugehörigkeit finden. Es war ursprünglich ein Arbeiterviertel, in dem die Hafenarbeiter, Bahnhofsangestellten und Schwefelbergleute gut lebten. Dann degenerierte es zum Symbol gescheiterter Stadtplanung. In einer gigantischen Umsiedlungsaktion zogen ab 1958 rund 30.000 Menschen in Vororte, damit das Viertel saniert werden konnte. Zehn Jahre später wurde das Projekt wegen des Vorwurfs der Immobilienspekulation gestoppt. Die vom Abriss verschonten Häuser verfielen. Es entstand ein Niemandsland, in dem sich Migranten, Prostituierte und Arme ansiedelten. So verfestigte sich, was eigentlich überwunden hätte werden sollen.

Heute bemühen sich lokale Initiativen wieder um eine Aufwertung. Rund um die Piazzetta Goliarda Sapienza eröffnen Bars und Lokale. Zwischen Street-Art und Pflanzen ziehen sie unter dem Label »San Berillo District« Nachtschwärmer aller Couleur an. Die Lichter der Straßenlaternen leiten die Besucher wie in einer Freiluftgalerie.

Durchgentrifiziert ist das Quartier nicht. Abgesehen von der Piazzetta gilt San Berillo weiter als Problem- und Rotlichtviertel. Aber man begreift schnell, welche Ecken man besser meidet, und wer sich an die üblichen Regeln hält – nicht anquatschen lassen, keinen Schmuck zur Schau stellen –, taucht in ein raues Catania ein, das nicht leicht zu verdauen ist, aber noch jeden aufgenommen hat.

Adresse Piazzetta Goliarda Sapienza (früher Piazza delle Belle), 95131 Catania | Anfahrt von der Piazza Duomo und dem Teatro Massimo Bellini zur Via Coppola, von hier durch zwei Gassen: Via De Luca, Via Martinez | Tipp Mehr Street-Art gibt es am Hafen: Künstler haben die Legenden von Colapesce, Odysseus und Minotaurus auf acht riesige Silos gemalt. In die Jahre gekommen, aber immer noch ein Blickfang zwischen den rostigen Containerschiffen und Verladekränen am Molo Crispi. Etwas versteckter im Hafenzentrum, breit wie ein Fußballfeld und hoch wie ein zehnstöckiges Haus, ist das Silobild eines Mannes, der in Richtung Libanon blickt, wo das Gegenstück des Kunstwerks prangt.

28 Big Bench im Badland

Eine kobaltblaue Riesenbank wie im Wilden Westen

Badlands, so weit das Auge reicht. Karg und wüstenhaft verlieren sich die von tiefen Erosionsrinnen durchschnittenen Hügel in endlosen Ockertönen am Horizont. Auf der Fahrt über die Strada Provinciale 84 durch die Calanchi del Cannizzola im Herzen Siziliens wähnt man sich in der Kulisse eines Wildwestfilms, in dem es nur eine Frage der Zeit ist, bis einem Pistolenschüsse um die Ohren zischen. Stattdessen hört man bloß das leise Zirpen der Grillen und ab und zu den Wind, der den Staub vom lehmigen Boden aufwirbelt.

Inmitten der goldgelben Felsformation und dem Schwemmland steht als einziger kräftiger Farbtupfer eine überdimensionierte Bank – kobaltblau mit rosafarbenem Gestell. Eine Vignette kennzeichnet das Möbelstück als »Big Bench«, ein Kunstwerk des amerikanischen Designers Chris Bangle. Es gehört zum »Big Bench Community Project«, einer Initiative, die überlebensgroße farbenfrohe Sitzbänke an den schönsten unbekannten Orten der Welt aufstellt, alles privat finanziert.

Die Idee zu seinem Projekt kam Bangle vor gut 15 Jahren. Seine erste Big Bench platzierte der Künstler in seiner Wahlheimat Piemont, leuchtend rot und mit Blick auf die Weinberge. Seitdem installieren Menschen auf der ganzen Welt ähnliche Bänke, für die Bangle ihnen die Entwürfe samt Bauanleitung zur Verfügung stellt. Mittlerweile sind es fast 300.

Die Big Bench dei Calanchi ist weltweit die Nummer 202 und steht seit April 2022 auf einem Hochplateau bei Centuripe, auf das eine schmale, staubige und holprige Straße führt. Oben angekommen, wird man von einem 360-Grad-Panoramablick über die Schluchten von Cannizzola, auch Valanghe genannt, überwältigt. So richtig erfassen lässt sich die berückende Weite der Badlands erst hier. Über drei wackelige, provisorisch bereitgestellte Baumstämme stemmt man sich hoch auf die Sitzbank – und fühlt sich ehrfürchtig klein. Man schaut still und staunt.

Adresse 94010 Centuripe (im Navi »Panchina Gigante #202 Centuripe« eingeben); Koordinaten: 37.592139, 14.802310 | Anfahrt auf der SP 84 durch den südlichen Teil der Calanchi bis zum Wegweiser zur Big Bench, der Beschilderung folgen (nicht Google Maps), nach gut 1 Kilometer Strecke sehr steil und holprig, besser hier parken und die letzten Meter zu Fuß gehen | Tipp Vom Plateau gehen verschiedene Panoramawanderwege sowohl für erfahrene Wanderer als auch für Familien mit Kindern ab – zu Fuß, mit dem Mountainbike oder zu Pferd. Der Landbesitzer vermittelt auch geführte Touren (E-Mail an imperiumsiciliae@gmail.com).

29 Stadt der 1.000 Formen

Centuripe von oben: Seestern, Schwalbe, Mensch?

Als der Fotograf Pio Andrea Peri mit seiner Drohne hoch über Centuripe flog und die Bilder ins Netz stellte, ahnte er nicht, dass er seiner Heimatstadt damit einen größeren Dienst erweisen würde, als die zuhauf gefundenen Artefakte und Ruinen es taten. Centuripe von oben? Ein Seestern, staunten die einen und tauften den Ort *stella marina*. Nein, eine Schwalbe im Tiefflug, meinten die anderen. Wieder andere erkannten einen Mann, der Arme und Beine weit von sich streckt.

Centuripes bekanntester Spitzname stammt vom Nationalhelden Giuseppe Garibaldi. Der Freiheitskämpfer, der am 11. Mai 1860 mit seinem Freiwilligenheer auf Sizilien anlandete, bezeichnete Centuripe auf seinem »Zug der Tausend« überschwänglich als »Siziliens Balkon« – nicht so sehr wegen seiner Form, sondern aufgrund des Panoramas.

Natürlich dachten die ersten Siedler nicht an Seesterne, Vögel oder ausgestreckte Männer. Lange vor den Römern sollen die Sikuler, eines der ältesten Völker im Osten Siziliens, auf dem Bergrücken gelebt haben. Ihre Sprache ist längst ausgestorben, aber ihre wichtigste Überlieferung, ein bauchiges Tongefäß mit einer Inschrift aus fast 100 Buchstaben, wurde in Centuripe entdeckt und lagert im Badischen Landesmuseum in Karlsruhe.

Unter den Römern entwickelte sich Centuripe zu einem strategisch wichtigen Punkt im Hinterland, wovon eine antike Therme zeugt. Seinen größten Aufschwung erlebte der Ort zu Beginn des 20. Jahrhunderts, als in der Region im großen Stil Schwefel abgebaut wurde. Zu jener Zeit entstand der charakteristische Grundriss: Die Bevölkerung wuchs, und die Menschen folgten beim Bau ihrer Häuser einfach den topografischen Gegebenheiten. Einen kleinen Überblick über die »Stadt der 1.000 Formen« gewinnt man auch ohne Drohne: von der Chiesa del Calvario, einer sechseckigen Kapelle auf dem kegelförmigen Calvario-Hügel – sozusagen im rechten Arm.

Adresse Chiesa del Calvario, Via Torino, 94010 Centuripe | Anfahrt von der A 19/E 932 auf die SS 194, an der Beschilderung »Centuripe/C. da Muglia« abbiegen, ab Ortseingang der SP 41 folgen | Tipp Eine Handvoll Steinhäuser, eine Tränke und eine bezaubernde Kirche: das Lehen »Antico Borgo di Carcaci« nördlich von Centuripe wurde vor Jahrzehnten aufgegeben. Für ein verlassenes Gut wirkt es erstaunlich idyllisch und gepflegt. Pfauen stolzieren durch die überwucherten Gassen, und Bauern lagern ihre Geräte in den Gemäuern.

30 Peppino Impastatos Haus

Die Mafia tötet. Das Schweigen auch.

Der 9. Mai 1978 war ein verhängnisvoller Tag für Italien. An jenem Abend wurde der Antimafia-Aktivist Giuseppe »Peppino« Impastato in Palermos Vorort Cinisi in die Luft gesprengt. Am selben Tag fand man auch die Leiche von Aldo Moro, dem Vorsitzenden der Christdemokraten, nach 55 Tagen Geiselhaft durch die Roten Brigaden, was die Nachricht von Peppinos Ermordung überschattete. Es dauerte 23 Jahre, bis Peppino als Opfer der Mafia offiziell anerkannt wurde.

Peppino war einer der wenigen, die Ende der 1970er Jahre die Machenschaften der Clans laut anprangerten. Seine Familie gehörte selbst zur Cosa Nostra. Als Jugendlicher hatte sich Peppino dem Vater widersetzt, der ihn aus dem Haus warf. Er schloss sich den Kommunisten an, organisierte Kulturveranstaltungen für Jugendliche und gründete einen Radiosender. Als er über den Sender den Boss Gaetano Badalamenti ins Visier nahm, war sein Tod besiegelt. Noch bevor Peppino 1978 bei den Kommunalwahlen gewinnen konnte, wurde er »aus dem Weg geräumt«.

Peppino wartete gerade an einem Bahnübergang, als man ihn aus seinem Auto zerrte. Die Mörder fesselten ihn an die Gleise und jagten ihn in die Luft. Freunde fanden Peppinos sterbliche Überreste 300 Meter weit verstreut. Sein Tod wurde von den Behörden als missglücktes Selbstmordattentat abgetan, die Ermittlungen eingestellt. Erst 2002 verurteilte die Justiz »Don Tano« als Drahtzieher.

Peppinos Elternhaus ist heute ein Museum. Seine Mutter Felicia Bartolotta brach ebenfalls die Kultur des Schweigens und öffnete ihre Tür für jeden, der die Erinnerung an ihren Sohn wachhielt. Alles blieb unberührt: persönliche Gegenstände, Peppinos Notizen. Vor dem Haus markieren in den Bürgersteig eingelassene Kacheln die 100 Schritte zwischen Peppinos Elternhaus und dem Haus seines Mörders. Es wurde zuletzt beschlagnahmt und dem Verein übergeben, der die Casa Memoria heute mit großem Engagement betreibt.

Adresse Corso Umberto 220, 90045 Cinisi | Anfahrt A 29/E 90, Ausfahrt Cinisi, links auf Via Aldo Moro, rechts auf SS 113 | Öffnungszeiten Mo–Sa 9.30–13 und 16–19.30 Uhr | Tipp Im benachbarten Terrassini liegt die Cala Rossa, eine kleine Kieselbucht, die von auffallend roten Felsen eingerahmt wird. Das Wasser ist kristallklar und eignet sich wegen des Fischreichtums gut zum Schnorcheln. Oberhalb der roten Klippen verläuft der mit modernen Skulpturen bestückte Lungomare.

31 Das Museum Targa Florio

Hommage an eine legendäre Rennstrecke

Autorennen werden in den Kurven gewonnen, nicht auf den Geraden. In der Hinsicht war die »Targa Florio« lange die spektakulärste Rennstrecke der Welt. Ihr *circuito* bestand im Grunde nur aus Kurven: Auf rund 900 Kehren und Schwüngen schraubten sich die Rennwagen auf einer halsbrecherischen Landstraße vom Meer hinauf in die Madonien, ein ständiges Links und Rechts, Auf und Ab. Wer hier siegte, konnte es überall schaffen. Nur einer gewann die Targa Florio dreimal: der Palermitaner Nino Vaccarella, der 2021 als Nationalheld starb.

Schon das Zuschauen war gefährlich. Am Vorabend des Rennens zog ein *banditore* mit seiner Trommel durch die Dörfer und warnte davor, Kinder und Haustiere vors Haus zu lassen. Wenn überhaupt, dienten Strohballen als Absperrung. Beim Anbremsen mussten die Fahrer darauf vertrauen, dass alle im letzten Moment zur Seite sprangen. Das klappte nicht immer: Nach einem schweren Unfall wurde die Targa Florio 1977 eingestellt.

Seither hüten die Fans ihre Devotionalien in privaten Museen, etwa in Termini Imerese, Cerda und der einstigen Boxengasse »Floriopoli«. In Collesano macht die Haarnadelkurve »Bivio Polizzi« ihren berüchtigten Knick. Auf einer der Wandfliesen, die im ganzen Dorf an die wichtigsten Siege und Fahrer erinnern, ist Michele Gargano als Kind neben seinem Vater und Enzo Ferrari zu sehen. Dahinter zeigt sein »Museo Targa Florio« eine Auswahl an Pilotenbrillen, Rennanzügen und Goldplaketten, darunter die des großen Vaccarella von 1965.

Nur einmal im Jahr heulen die Motoren an der Tribüne Floriopoli wieder auf. Jeden Oktober feiert die Targa ein historisches Revival für Oldtimer. Ansonsten knattern zerbeulte Api durch die dünn besiedelte Landschaft und umkurven Schlaglöcher und ausgebüxte Schafe. Viel schneller als die ersten Sportwagen dürften sie kaum sein: Beim ersten Rennen am 6. Mai 1906 betrug die Geschwindigkeit im Schnitt 46,8 Stundenkilometer.

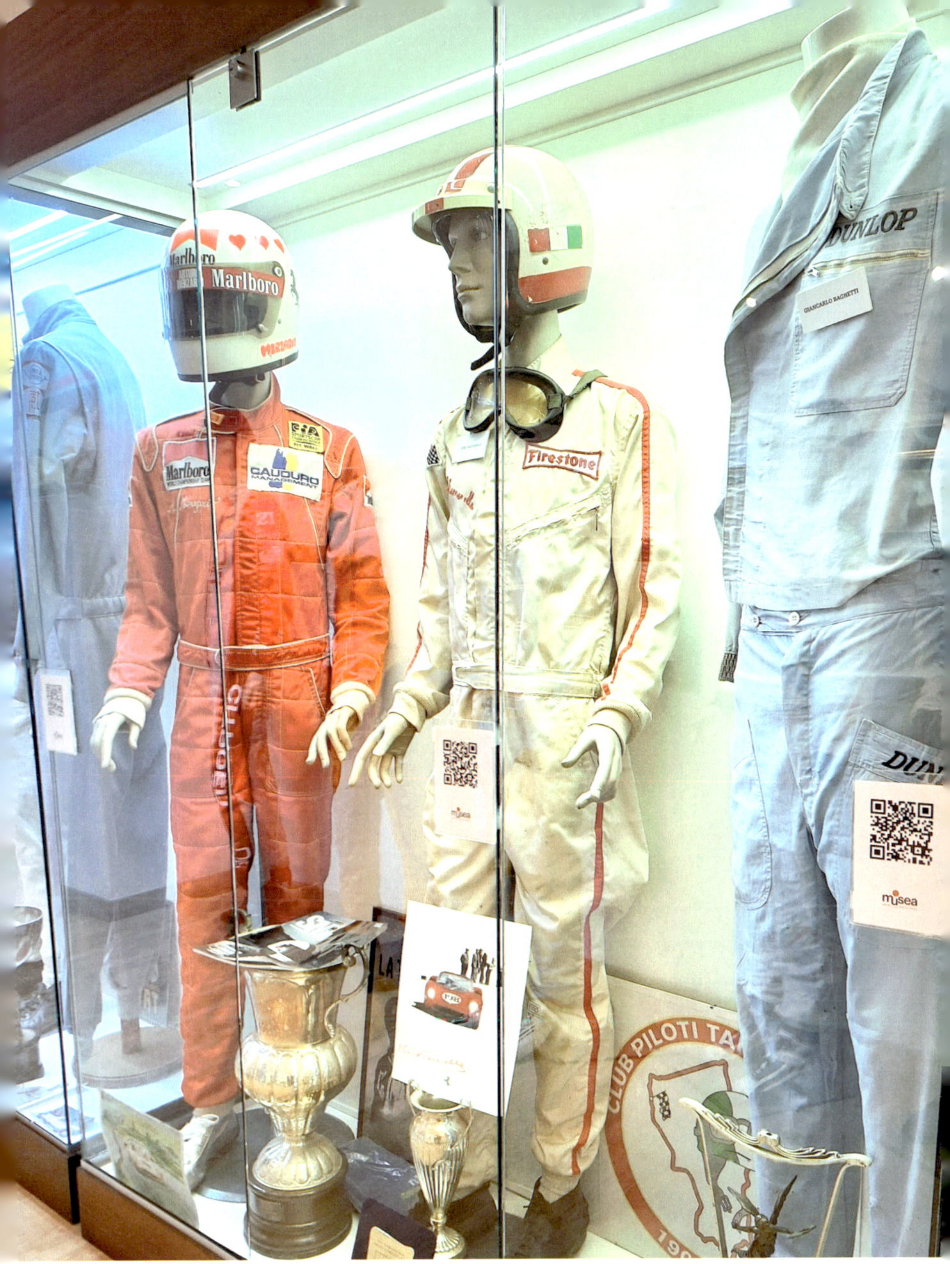

Adresse Corso Vittorio Emanuele 3, 90016 Collesano | Anfahrt von der SP 9 auf die Via Isnello, rechts in die Via Roma, Museum auf der Anhöhe | Öffnungszeiten nach Vereinbarung unter Tel. +39/328/4730955 oder per E-Mail an m.gargano.museotargaflorio@gmail.com | Tipp Die berüchtigte Haarnadelkurve liegt bei der Anfahrt über die SP 9 an der Kreuzung der Via Polizzi mit der Via Isnello. Die historische Haupttribüne Floriopoli mit den Boxengassen steht vor sich hin bröckelnd an der SS120 bei Termini Imerese.

32 Die Grotta Mangiapane

Wo ein Höhlendorf heute Weihnachtskrippe spielt

Bei Höhlenmenschen denkt man an grobschlächtige Urmenschen, die in dunklen Felslöchern hausten. Tatsächlich lebten die Steinzeit-Sippen überwiegend in Zelten, der Begriff »Höhlenmensch« entstand, weil steinzeitliche Malereien in Höhlen gefunden wurden. Umgekehrt wohnen auch heute noch Menschen in Höhlen. Am Monte Cofano gibt es sogar ein ganzes Höhlendorf.

Custonaci ist als Stadt des Marmors bekannt. Hier lagert das größte Marmorvorkommen Siziliens sowie das zweitgrößte Italiens. Der »Perlato di Sicilia« (sizilianische Perle) ist ein kostbarer Marmor, dessen Eleganz im Mailänder Hauptbahnhof bewundert werden kann, und nach dem weißen Carrara-Marmor der meistverkaufte edle Naturstein der Welt. In der Karstlandschaft um Custonaci haben sich in Jahrmillionen die Scurati-Grotten gebildet, ein System aus neun Höhlen. Forscher fanden darin menschliche Spuren, die bis ins Jungpaläolithikum zurückreichen: Malereien, Artefakte, Feuersteine und Tierknochen, von denen einige im Pepoli-Museum in Trapani, andere in Paris gezeigt werden.

Die größte Höhle heißt Mangiapane: Sie misst an ihrer höchsten Stelle 80 Meter und ist bis zu 70 Meter breit. Diese Ausmaße reichten aus, um im Inneren ein ganzes Dorf zu bauen, das bis in die 1950er Jahre bewohnt war, Straßenlaternen inbegriffen. Die Häuser boten den Bewohnern Schutz vor Kälte und Hitze. Heute kann die Siedlung besichtigt werden. Freiwillige kümmern sich um ihren Erhalt. Wohnhäuser, Töpferei, Korbflechterei, Friseur und Werkstätten sind originalgetreu ausgestattet. Esel und Gänse laufen frei herum.

Jedes Jahr in der Vorweihnachtszeit verwandelt sich das Höhlendorf in eine Krippe mit über 160 Darstellern. Hirten melken Kühe und machen Käse, Hausfrauen kneten Teig und backen Brot, Bauern ziehen ihre Maultiere um den Mühlstein. Ein stimmungsvolles Schauspiel, das die Urgeschichte mit der jüngeren Geschichte der Menschheit verbindet.

Adresse Contrada Scurati, 91015 Custonaci, www.grottamangiapane.it | Anfahrt SS 187, Ausfahrt Custonaci, Weg zur Grotte schmal und holprig | Öffnungszeiten täglich 10–18 Uhr; kein Eintritt, freiwillige Spende erbeten | Tipp In Custonaci sind der Vorplatz des Santuario di Maria Santissima di Custonaci und einzelne Straßenabschnitte mit Kieselmosaiken gepflastert; die abgerundeten hellen und dunklen Steine wurden kunstvoll zu geometrischen Mustern arrangiert. Im Umland sorgen die Steinbrüche der »Piana del Purgatorio« (Ebene des Fegefeuers) auf der Ostseite des Monte Cofano für weiße Kontraste in den zumeist lehmhaltigen roten Felswänden.

33 Die Giardini del Balio

Ein wildromantischer Park lädt zum Küssen ein

Auf dem Schild steht *Obbligo di Baciarsi*, zu Deutsch: »Kusspflicht«. Zwei Silhouetten heben sich vom grünen Hintergrund ab, die Lippen einen Hauch voneinander entfernt und eine rote Rose in der Mitte. In Erice, einem charmanten, 751 Meter hoch auf dem gleichnamigen Berg thronenden Mittelalterstädtchen, laden überall Schilder wie dieses zum Küssen ein. Das erste stellte die Stadtverwaltung 2021 vor den Gardini del Balio auf, einem wildromantischen Stadtpark.

Auf verschlungenen Wegen führt ein Spaziergang unter üppigen Baumkronen von Pinien, Eschen, Zypressen, Mandelbäumen, Steineichen und Kirschbäumen zu gepflegten Blumenbeeten. Zwischen Myrten und Klebsamen tupft eine endemische Kornblumenart violett-rosa Blütenkronen auf den Felsen. An klaren Tagen geben mehrere Aussichtspunkte herrliche Blicke frei: im Süden auf Trapani, die weißen Salinen und die vorgelagerten Ägadischen Inseln, im Norden auf den mächtigen Felsriegel des Monte Cofano und das Zingaro-Naturreservat.

Die Balio-Gärten wurden 1870 auf Initiative des Grafen Pepoli angelegt. Der Intellektuelle, Sammler und Forscher bereiste die ganze Welt und verliebte sich bei archäologischen Ausgrabungen in den Ort Erice. Auf einer Anhöhe ließ er die Torretta Pepoli restaurieren, einen Turm sarazenischen Ursprungs, in dem Künstler und Literaten im Sinne des damaligen Mäzenatentums einkehrten.

Über der Torretta erhebt sich das majestätische Castello di Venere. Die »Venusburg«, wie wir sie heute sehen, ist normannisch, aber ihre Mauern mit den ghibellinischen Zinnen wurden auf den Ruinen eines antiken Tempels hochgezogen. Der Kult der Göttin Aphrodite war nicht nur im alten Griechenland verbreitet, sondern auch auf Sizilien und hier namentlich in Erice, wo die verehrte Göttin »Venere Ericina« hieß. Damit schließt sich der Kreis: In der Stadt des Aphrodite-Mythos stimmen die *Baciarsi*-Schilder in die Hymne der Liebe ein.

Adresse Via San Francesco, 91016 Erice | Anfahrt mehrere Zugänge über Treppen, schöner Panoramaweg ab dem Viale Conte Pepoli, hier auch Parkplätze; Serpentinenstraße auf den Monte Erice; entspannte wie spannende Alternative: Seilbahn »Funivia Trapani–Erice«, Talstation: SP 31/Via Capua, 91016 Casa Santa, Bergstation: Via delle Pinete/SP 3, 91016 Erice, www.funiviaerice.it | Tipp Maria Grammatico wuchs im Internat auf, wo sie Nonnen in der Küche half. Mit weit über 80 Jahren steht »Zia Maria« noch immer in der Backstube in der Via Vittorio Emanuele 14. Ihre Spezialität sind *Genovesi*, große Mürbeteigkekse mit Cremefüllung.

34 Farm Cultural Park

Heimlicher Hotspot der künstlerischen Avantgarde

Eine der größten Freuden des Reisens ist es, an einem denkbar trostlosen Ort auf etwas völlig Unerwartetes zu stoßen. Farm Cultural Park ist so ein Ort. Dieser heimliche Hotspot der Avantgarde liegt versteckt in Favara, einem grauen Städtchen, in das sich kaum Touristen verirren – die besuchen die Tempel im nahen Agrigent. Unverhofft steht man hier vor Werken von Berühmtheiten wie dem Modefotografen Terry Richardson und dem Architekten Fabio Novembre.

Erst die Leidenschaft von Andrea Bartoli und Florinda Saieva brachte Farbe nach Favara. Das Ehepaar, hier aufgewachsen und als Kunstliebhaber in den Metropolen der Welt unterwegs, kaufte verfallene Häuser im Stadtzentrum und gründete aus dem Nichts ein Zentrum für zeitgenössische Kunst. Das war 2010. Im selben Jahr wurde der Mafiaboss Gerlandino Messina in einem Bunker in Favara verhaftet. Für Andrea, Florinda und ihre Stadt brachte das Schicksalsjahr den Neuanfang.

Die Künstlerkommune erstreckt sich über sieben Höfe, die durch Galerien und Ausstellungsräume miteinander verbunden sind. In den Häusern leben alteingesessene *signore* neben Künstlern und Designern, die ihre Projekte vor Ort kuratieren. Gesellschaftskritische Street-Art und schrille Skulpturen überziehen Wände und Dächer. Abends legen DJs auf, regelmäßig finden Fotoprojekte und Festivals statt.

Florinda und Andrea haben es geschafft. Ihr Kunstzentrum wurde auf der Architekturbiennale in Venedig und auf der EXPO in Mailand gerühmt. Im eine Autostunde entfernten Mazzarino konnten sie 2022 einen Ableger eröffnen. Doch auch nach zehn Jahren ist der Kulturpark allenfalls Insidern ein Begriff. Egal: Wie so viele Sizilianer haben auch die Einwohner von Favara einfach losgelegt und Großes auf die Beine gestellt. Der knallrote Swimmingpool in der Riad Farm ist ihr meistfotografiertes Werk. In großen Lettern steht darin *suca*, was so viel heißt wie »Scheiß drauf«.

Adresse Cortile Bentivegna, Sette Cortili, 92026 Favara, www.farmculturalpark.com | Anfahrt auf der SP 80 von Agrigent nach Favara, Höfe über Stichstraße von der Via Zanella erreichbar | Öffnungszeiten Galerien Mo–Sa 10–20 Uhr, Hofrundgänge immer möglich, Tickets über die Website buchbar | Tipp Favara ist für seine süßen Osterlämmer aus Mandelteig bekannt, die mit einem Marzipankern und mit Pistazien gespickt sind. In der »Pasticceria di Sicilia« im Viale Aldo Moro 199 kann man das Gebäck das ganze Jahr über verzehren.

35 Der unmögliche Garten

Wo Tuffstein abgebaut wurde, blühen heute Zitronen

Auf den ersten Blick wirkt Favignana wie die Blaupause einer Mittelmeerinsel: Das schmetterlingsförmige Eiland ist umgeben von paradiesisch klarem Wasser, auf dem Boote wie von Geisterhand schweben. Doch dazwischen stehen seltsame Steingebilde: mächtige Würfel am weißen Sandstrand, scharfkantige Quader im Dickicht lila blühender Kapern, geometrische Wannen im Meeresgrund. Es sind die handgeschnitzten Klippen von alten Tuffsteinbrüchen.

Im Osten der Insel haben sich über Jahrhunderte Steinbrucharbeiter *(pirriaturi)* mit Äxten und Hacken ins weiche Tuffgestein gehauen. Die Metze schlugen die Steine nicht wie üblich von oben nach unten heraus, sondern von vorne nach hinten. Das erklärt die rechtwinkligen Einschnitte in den vielen glatten Felswänden.

Als in den 1960er Jahren die Nachfrage nach Tuffstein nachließ, wurden die Steinbrüche aufgegeben. Sie vergammelten zu Müllhalden, bis die ersten Inselbewohner auf die Idee kamen, die Gruben in Gärten umzuwandeln. Sie pflanzten Obstbäume und legten Gemüsebeete an. Mandeln, Johannisbrotbäume, Zitronen und Orangen gedeihen in den stillgelegten Hypogäen wie in einem Gewächshaus, gut geschützt vor der Sommerhitze, den Winterwinden und der Salzluft.

Diesen Steinbruchgärten gelingt fürwahr das »Unmögliche«, wie der »Giardino dell'Impossibile« es mit seinem Namen zum Ausdruck bringt. Den Felsen abgerungen hat ihn Maria Gabriella Campo, die einst als junge Braut nach Favignana kam und beschloss, den Tuffsteinbruch der Familie gegen alle Widerstände zum Blühen zu bringen. 60 Jahre dauerte es, bis sich das karge Abbruchgelände in einen üppigen Garten verwandelt hatte. Etwa die Hälfte liegt unter Straßenniveau, wobei die tiefsten Gruben noch eigens aufgeschüttet wurden. Fast 500 Pflanzenarten gedeihen zwischen Grotten und Brunnen, Nymphäum, Laubengängen und Steinbruchkanten in dieser verwunschenen Tuffsteinlandschaft.

Adresse Strada Comunale Corso 10, 91023 Favignana, www.giardinodellimpossibile.it | Anfahrt ab Trapani mehrmals täglich Tragflügelboote (Aliscafi) der Liberty Lines sowie Fähren von Siremar, Reservierung über die Websites empfohlen; auf der Insel Haltestelle der Buslinie 1 gut 300 Meter vom Giardino entfernt | Öffnungszeiten Mai–Nov. Mo–Sa nach Voranmeldung über Tel. +39/380/1527808 oder die Website | Tipp Die alte, mit Tuffstein erbaute Thunfischfabrik ist ein eleganter Industriekomplex aus dem 19. Jahrhundert und heute ein Museum (Via Amendola 29). Zur Kostprobe empfiehlt sich der Laden der Familie Tammaro, deren Thunfisch unter der Marke »Antica Tonnara di Favignana« weltweit verkauft wird (Via Nicotera 6).

36 Das erste 1-Euro-Dorf

Wo der Traum vom Auswandern bezahlbar wurde

Ein Haus im Süden zum Preis eines Espressos – was seit über zehn Jahren Aussteigerträume beflügelt, hat seinen Ursprung in Gangi, einem Bergdorf wie aus dem Bilderbuch: Steinhäuser mit Terrakottadächern schmiegen sich an den Hang, überragt von fast 20 Kirchen und der Torre dei Ventimiglia im gotisch-normannischen Stil. Die Gassen sind verwinkelt, die Treppen steil. Im Rücken der Altstadt erhebt sich der schneebedeckte Ätna. Wie viele süditalienische Gemeinden litt auch dieses Kleinod unter der Abwanderung. Viele Junge zogen nach Cefalù. In nur 50 Jahren hatte sich die Einwohnerzahl auf 6.500 mehr als halbiert.

Der damalige Bürgermeister sollte das Dorf aus dem Dornröschenschlaf wecken. Gangi bot leer stehende Wohnhäuser, Ställe und Palazzi für einen symbolischen Euro zum Kauf an. Die Wände waren verfallen, die Dächer eingestürzt, die Böden aufgerissen. Und so lautete die einzige Bedingung: Die Immobilie muss innerhalb von drei Jahren renoviert werden. Das war 2011. Seitdem haben mehr als 160 Käufer zugeschlagen – Sizilianer, Norditaliener, Deutsche, Amerikaner, Schweden, Israelis, Südamerikaner. Mit Herzblut und Geduld verwandeln sie die Ruinen in Ferienhäuser, Kunstgalerien oder Restaurants. Die Handwerker sind ausgelastet, das Dorf wächst und erstrahlt in neuem Glanz.

Ermutigt durch Gangis Erfolg, entstand die italienweite Initiative »Case a 1 Euro«, der sich Dutzende Gemeinden vom Piemont bis Apulien angeschlossen haben. Auf Sizilien kamen verschlafene Orte wie Mussumeli, Sambuca und Troina hinzu. Nirgendwo sonst wurden allerdings so viele verlassene Altstadthäuser aufgekauft wie in Gangi, längst auch in besserem Zustand und zu höheren Preisen. Für jeden Neuankömmling organisiert die Gemeinde einen Empfang unter den prächtigen Kronleuchtern des Palazzo Bongiorno. So schenkt das Projekt nicht nur dem Dorf neues Leben, sondern auch den Menschen, die hierherziehen.

Adresse Viale delle Rimembranze, 90024 Gangi | Anfahrt auf der Via Monte Marone am Hang entlang zum Parkplatz an der Spitze des Dorfes bei der Chiesa di San Paolo | Tipp Auf der Terrasse der rustikalen, fußläufig erreichbaren Trattoria Sant'Anna in der Via Sant'Anna 2 speisen Gäste bei Panoramablick Menüs mit lokalem Fleisch und Käse. In der Gegend werden viele Schafe gehalten und aus deren Milch *Ricotta*, *Pecorino* und *Caciocavallo* produziert, eine große Auswahl bietet die Casearia Mantegna an der SP 60 (Contrada da Celsa, Geraci Siculo) an.

37 Die Schwertfischjagd

Mit den Mancuso-Schwestern an Bord einer Feluke

Ein eigentümliches Schiff verlässt die Mole und nimmt Kurs auf die Meerenge von Messina. Vor dem Bug ragt ein langer Ausleger übers Meer, scheint fast über dem Wasser zu schweben. An der Spitze steht ein Mann und umklammert seine Harpune. In schwindelerregender Höhe hält der Steuermann Ausschau. Seine Kunst besteht darin, den Harpunier genau über die Beute zu lenken.

Plötzlich geht alles blitzschnell. Vom Ausguck ertönt ein Schrei: *Pesci!* Fische! Das Schiff beschleunigt, der Harpunier greift nach der mehrzackigen Eisenlanze, zielt kurz – und schleudert sie ins Wasser. Dann rennt er an Deck, wo er mithilft, einen zappelnden, im Schnitt 2 Meter langen und bis zu 160 Kilo schweren Schwertfisch an Bord zu hieven. Mit den Fingern ritzt er ein Kreuzmuster in den blaugrauen Körper. Daran erkennt der Käufer auf dem Fischmarkt später, dass der Fang von Hand und nicht industriell erlegt wurde.

Der Schiffstyp heißt *feluca*. Er stammt aus dem alten Griechenland und wurde für die Schwertfischjagd umgebaut. Einst kreuzten Dutzende *feluche* zwischen Sizilien und Kalabrien, heute liegen die meisten auf dem Trockenen. Gegen die Trawler mit ihren Schleppnetzen haben die Fischer keine Chance.

Die Fangmethode wirkt brutal, »aber sie ist nachhaltig«, versichert Antonella Donato. »Schwertfischer fangen nur ausgewachsene und ermüdete Tiere. Anders als die Trawler ziehen sie auch keinen Beifang aus dem Wasser, keine Jungfische, Delphine oder Schildkröten.« Antonella und ihre Schwester Giusy haben die *feluca* ihres Großvaters übernommen, als der sich zur Ruhe setzte – junge Frauen in einer archaischen Welt. Sie halten die Tradition am Leben, indem sie Gäste aufs Meer mitnehmen, den Fang noch an Bord zubereiten und ihnen an Land das kleine Fischerdorf Ganzirri zeigen. Ihre Leidenschaft haben sie vom Großvater geerbt, der sagte: »Fischer sein, das ist Meer, Müdigkeit, weiße Nächte, Boote, Salz und Mut.«

Adresse Via Lanciatore 30, 98165 Ganzirri, www.imancusopescaturismo.it | Anfahrt von Messina auf der SP 43 nach Norden, kurz vor der Lagune auf Via Celona abbiegen | Öffnungszeiten Pescaturismo ganzjährig, Schwerfischjagd Anfang Mai – Ende Aug., Infos und Anmeldung unter Tel. +39/349/5309904 | Tipp Den schönsten Blick auf die Straße von Messina bietet das Capo Peloro, wo vor dem Sandstrand das Ionische und das Tyrrhenische Meer zusammenfließen. Der riesige rot-weiße Strommast war früher einmal der höchste der Welt. Im kristallklaren Wasser tummeln sich Delphine und im Sommer Schwertfische, das kalabrische Festland ist zum Greifen nah.

38 Der Cretto di Burri

Eine Decke aus Beton, die das Herz berührt

Auf den grünen Hügelketten des Belice-Tals wachsen Wein, Kiwis und Orangen. Aber es hat auch eine tiefe Wunde erlitten, die bis heute nicht verheilt ist. Wenn von Palermo kommend die Landstraßen schmaler und die Kurven enger werden, breitet sich wie aus heiterem Himmel eine ungeheuer große, schmutzig graue Betondecke aus. Darunter liegt Gibellina begraben, die verlorene Stadt.

Am späten 14. Januar 1968 erschütterte ein Erdbeben der Stärke 6,4 das Tal. 400 Menschen verloren in dieser Nacht ihr Leben, 100.000 ihr Zuhause. Insgesamt 14 Dörfer im Epizentrum wurden in Schutt und Asche gelegt. Von Gibellina blieben nur Geröllhaufen übrig. Die Behörden untersagten den Zutritt und bauten das Dorf einige Kilometer entfernt neu auf. Mit den Mitteln der Kunst wollte der damalige Bürgermeister die Erinnerungen verarbeiten. Rund 60 Kunstwerke entstanden vor Kreisverkehren und den schnell hochgezogenen Wohnblocks. Namhafte Künstler wie Joseph Beuys kamen, Peter Stein und Ariane Mnouchkine inszenierten Festspiele.

Als Alberto Burri 1981 das Trümmerfeld am Hang sah, war für ihn klar: Sein Beitrag sollte nicht den Überlebenden gelten, sondern den Toten. Burri war bekannt für seine *cretti*, schroffe Bilder, deren aufgeplatzte Farbschichten an ausgetrocknete Erde erinnern. Auf einer Fläche von 300 mal 400 Metern, dem Grundriss des zerstörten Dorfes folgend, ließ der Künstler den Schutt mit Zement ausgießen. Kinderspielzeug und Olivenölflaschen, kaputte Stühle und Sommerkleider, alles wurde wie in einem Sarkophag unter den Betonmassen beerdigt.

Das Mahnmal entstand in zwei Abschnitten: Im neueren Teil reflektieren die Betonwände das gleißende Sonnenlicht. Der ältere Teil ist grau und von Rissen durchzogen. Als Besucher wandelt man auf den alten Wegen, folgt dem Labyrinth aus anderthalb Meter hohen Betonmauern. Man ist bedrückt, eingeengt, berührt und hört nichts als eine schwere Stille.

Adresse Via Alcamo, 91024 Gibellina Vecchia | Anfahrt an der Kreuzung SS 119/SP 12 weiter auf der SS 119 Richtung Castelvetrano, nach gut 4 Kilometern an der Gabelung links halten bis zum Parkplatz | Tipp Die Neustadt Gibellina Nuova zählt 60 Kunstwerke im öffentlichen Raum, Wahrzeichen ist die sternförmige Stahlskulptur über der SS 188. Einen übersichtlichen Faltplan erhält man im »Museo d'Arte Contemporanea« (MAC) im Viale Segesta mit einer großen Sammlung zeitgenössischer Kunst. Werke von Joseph Beuys sind ebenso vertreten wie Fotografien von Frida Kahlo.

39 Das Murales-Projekt

Graffiti-Maler aus aller Welt verschönern ein Dorf

Keine Metropole ist so bekannt für ihre Graffiti wie das kalifornische San Francisco. Großflächige Wandmalereien erzählen die Geschichte der Stadt im Sunshine State und appellieren an das soziale Gewissen. Mit dieser Inspiration im Gepäck reiste Richard Ralya nach seinem Abschluss am San Francisco Art Institute vor Jahren in das Bergdorf Graniti.

Graniti ist ein verwittertes Städtchen im Hinterland der mondänen Orte Taormina und Giardini Naxos. In diesem 1.500-Seelen-Ort traf der Amerikaner Salvatore Romano, der kurz vorher mit seiner deutschen Frau in seine Heimat zurückgekehrt war, um verlassene Häuser zu renovieren und an Gäste zu vermieten. Gelegentlich lud das kunstsinnige Ehepaar Künstler ein, eine Zeit lang bei ihnen zu wohnen und ihre Ideen zu verwirklichen. Aus dieser zufälligen Begegnung entstand das ARTspace-Studio mit dem Projekt »Graniti Murales«. Es bietet Künstlern aus aller Welt die Möglichkeit, Werke im öffentlichen Raum zu schaffen. Typisch sind die namengebenden Murales, aber auch Skulpturen oder Klanginstallationen haben es ins Stadtbild geschafft. Die Macher helfen mit Unterkunft und Arbeitsmaterial.

Eines der ersten Wandbilder flankiert den zentralen Dorfplatz und fängt eine fröhliche Schulhofszene ein. Es hat ein reales Vorbild, nämlich eine der ersten gemischten Schulen in Afghanistan. Das Bild schuf die pakistanische Street-Art-Künstlerin Rukhe Neelofer Zaidi. Sie wollte damit an die im Afghanistankrieg getötete Journalistin Maria Grazia Cutuli erinnern, die aus Graniti stammte.

Das meistfotografierte Wandbild trägt den Titel »Gaia of Graniti« und wurde von der Australierin Sarah Hickney angefertigt. Gaia, die personifizierte Erde, taucht die Ecke eines baufälligen Hauses in die vibrierenden Farben Siziliens, an einem Engpass, über dem abends Girlanden aus rostigen Blechdosen Licht spenden. Faszinierender kann man Gegensätze nicht inszenieren.

Adresse Gaia of Graniti: Via Manganelli 36, Schulhofszene: Piazza Maria Grazia Cutuli, 98036 Graniti, www.granitimurales.org | Anfahrt von der SS 185 auf die SP 7 Richtung Graniti abbiegen, Parkplatz auf der Piazza Roma, alle Kunstwerke in Google Maps verzeichnet | Öffnungszeiten Informationen zu Veranstaltungen auf der Website | Tipp Im aufgegebenen Convento dei Frati Minori Cappuccini in Francavilla di Sicilia kann man die schlichte Klosterkirche, Mönchsklausen und ein Museum mit Exponaten zum früheren Klosterleben besichtigen. Lieblich wirkt das Herbarium, aus dessen Kräutern ätherische Öle, Seifen und Cremes hergestellt werden.

40_Die Grotta Grattàra

Die Höhle der gutmütigen Hexe Befana

Kinder in Italien freuen sich auf die Befana wie Kinder in Deutschland auf den Nikolaus. Sie glauben fest daran, dass am Dreikönigstag eine runzlige, gutmütige alte Frau auf einem Besen von Haus zu Haus fliegt und den braven Kindern Süßes und Geschenke bringt. Böse Kinder finden in ihren am Vorabend aufgehängten Strümpfen Kohle – die aber nur so aussieht und in Wirklichkeit schwarz gefärbte Zuckermasse ist.

Der Volksglaube meint sogar zu wissen, wo die Märchenfigur wohnt: nämlich in einer gigantischen Grotte ganz in der Nähe von Gratteri, einem Dorf an den äußersten Hängen des Pizzo di Pilo. Von Weitem sieht die Grotta Grattàra aus, als hätte man beim Backen der Befana-Biscottini den zähen Teig zu weit auseinandergezogen. Man erreicht die Grotte über einen gut begehbaren Wanderpfad, der sich in Serpentinen durch einen üppigen Pinienwald bis zu einem kleinen Felsmassiv hinaufwindet und sich von dort über ein kurzes ebenes Reststück bis zur Höhle schlängelt.

Im Inneren stolpert man fast in eine Bodenvertiefung. Es handelt sich dabei um einen Krater im Kalkstein, der im Laufe der Zeit durch stetig herabtropfendes Wasser ausgewaschen wurde. Die ganze hügelige Landschaft ist von Schluchten durchschnitten, die von spektakulären Karstphänomenen zeugen. In den Felsklüften ziehen Tausende Schwalben ihren Nachwuchs auf und machen sich durch lautes Gezwitscher bemerkbar. Im Winter weiden in der Umgebung Schafe, die bei starkem Wind Schutz in der Höhle suchen. Einige seltene Nebrodi-Tannen tragen nur noch hier ihr immergrünes Nadelkleid.

Steigt man weiter hinauf, erreicht man auf 1.000 Höhenmetern den Gipfel. In der Ferne glitzert das Tyrrhenische Meer in der Sonne. Unten liegt einem Gratteri zu Füßen, eine ruhige und rustikale Ortschaft mit mittelalterlichem Gepräge, die ihrerseits auf einem Hügelkamm liegt und ihre märchenhaften Traditionen hochhält.

Adresse Ausgangspunkt der Wanderung: Via Parisea 1, 90010 Gratteri (beim kleinen Holzverschlag) | Anfahrt über die SP 28 nach Gratteri, 20-minütige Wanderung zur Höhle, Weg ausgeschildert | Tipp Das nahe Cefalù gilt als charmanter Badeort. Weniger bekannt ist er dafür, dass der britische Okkultist Aleister Crowley hier einer magisch-rituellen Sekte vorstand, bevor ihn Benito Mussolini auswies. Die »Abtei von Thelema« in der Contrada Santa Barbara ist ein gruseliger Lost Place (Privatbesitz). Die Schlafzimmerwand, Crowleys »Zimmer der Alpträume«, soll mit obskuren Zeichnungen beschmiert sein.

41 Die Cava d'Ispica

Der unbekanntere Südeingang zu Grotten und Gräbern

Die Traversa Barriera ist eine kurze, gewundene Straße, die durch die wilde Landschaft der südöstlichen Ausläufer der Cava d'Ispica führt. Sie verläuft teilweise in der Talsohle, wo in rauer Vorzeit der Fluss Busaidone rauschte, und schlängelt sich zwischen Felsen und Hängen hindurch. Über eine Abzweigung geht es zum »Parco Archeologico della Forza«, einem der beiden Eingänge zur Cava d'Ispica.

Die Cava d'Ispica, ein stellenweise bis zu 100 Meter tiefes Flusstal, erstreckt sich über 14 Kilometer. Als eine der größten Felssiedlungen Siziliens wurde die Schlucht über die Jahrtausende von verschiedenen Völkern besiedelt. Inmitten der grauen, rostrot geäderten Felswände aus Kalkstein lassen sich zahlreiche Felsensiedlungen, Kultstätten, Höhlen und Gräber ausmachen, die sich wie Bienenwaben über die Steilwände verteilen – aus so vielen Epochen, dass sich Wissenschaftler bis heute uneins sind, wann genau die erste Besiedlung stattfand.

Die meisten Besucher starten beim Eingang bei Modica, weil sich von dort die bekanntesten Zeugnisse von der Bronzezeit bis zum frühen Mittelalter leicht erreichen lassen. Etwa die »Grotte cadute«, eine eingestürzte, mehrstöckige Felsensiedlung aus dem Mittelalter, oder die frühchristliche Katakombe von Larderia mit 464 Grabnischen.

Weniger bekannt ist der Parco Forza in Ispica. Dabei macht nicht nur die kurvenreiche Traversa Barriera Eindruck. Es gibt rudimentäre Siedlungsreste des antiken Spaccaforno, wie Ispica bis zum Faschismus hieß, und der Befestigungsanlage Fortilium: In den Stallungen, einer riesigen Höhle, sind noch die Futterkrippen und Ösen zum Anbinden der Pferde erhalten. Mutige steigen die »Cento Scale« hinab, eine Treppe, die entgegen ihrem Namen nicht aus 100, sondern 280 steilen Stufen besteht, die durch einen rechteckigen Tunnel tief in den Felsen hinabführen, während allenthalben Reste byzantinischer Fresken aufblitzen.

Adresse Strada Comunale Traversa Barriera /SP 47, 97014 Ispica | Anfahrt über die SS 115, durchquert die Stadt, alternativ über die SP 46 | Tipp Gut essen in uralten Höhlen: Das geht im »Caveau« in der Cava Ispica Sud sowie im neuen Restaurant »Incavò« desselben Betreibers an der Traversa Barriera. Keine Klimaanlage, kein Internet. Nur Pizza aus besten Zutaten, etwa die frittierte *Montanarine* oder die Eigenkreation mit Boden aus Zucchini-Julienne, schwarzem Pfeffer und Mittelmeergarnelen.

42 Der Loggiato del Sinatra

Ein Arkadengang mimt den Petersplatz in Rom

Ispica ist ein beschauliches Städtchen in der Gegend von Ragusa, das 1693 ein ähnliches Schicksal erlitt wie andere Städte des Val di Noto: Es wurde durch ein Erdbeben weitgehend zerstört und an anderer Stelle neu aufgebaut. Ursprünglich hatte sich Ispica im südlichen Teil der Cava d'Ispica entwickelt, einem etwa 13 Kilometer langen Flusstal. Von der alten Stadt blieben nur die Quartiere um die Kirchen Sant'Antonio und Madonna del Carmine erhalten, die noch den für mittelalterliche Dörfer typischen unregelmäßigen Grundriss aufweisen.

Die neue Stadt plante man außerhalb des Steinbruchs im Schachbrettmuster mit geraden, breiten Straßen. Wie ihre berühmte und überaus opulente Schicksalsgefährtin Noto wurde auch Ispica im Stil des Spätbarocks wiederbelebt. Davon zeugt abgesehen von den Kirchen San Bartolomeo und Santissima Annunziata auch die Basilika Santa Maria Maggiore, eines der schönsten Gotteshäuser der Stadt.

Ihr halbkreisförmiger Vorplatz, der Loggiato del Sinatra, erinnert nicht von ungefähr an den Petersplatz in Rom. Benannt ist der Arkadengang von 1749 nach seinem Architekten Vincenzo Sinatra, der auch in Noto die verschnörkeltsten Gebäude entwarf und sich bei der Anlage am weitaus größeren Pendant der Vatikanstadt orientierte. Der Bogengang besteht aus drei Hocharkaden in der Mitte sowie zehn Rundbögen an den Seiten. In diesen 23 Logen waren bis Ende des 19. Jahrhunderts die Stände bei religiösen Volksfesten untergebracht, heute stellt die katholische Jugendorganisation Fazzoletti Rossi in Schaufenstern ihre Roben und Kandelaber zur Schau.

Der Loggiato dient häufig als Filmkulisse. Sein Spiel aus konkaven und konvexen Formen, Licht und Schatten erweckt den Eindruck einer Bühnenloggia, die die Basilika perspektivisch begrenzt und so erst ins rechte Licht rückt. Darüber ziehen Schwalben ihre Kreise, während die Abendsonne den Tuffstein in honiggelbes Licht taucht.

Adresse Piazza Santa Maria Maggiore, Via Vincenzo Bellini, 97014 Ispica | Anfahrt von der SS 115, die die Stadt durchquert, in die Via XX Settembre | Tipp Der Palazzo Bruno di Belmonte am Corso Umberto I wurde 1906 nach einem Entwurf von Ernesto Basile, einem der bedeutendsten Jugendstilarchitekten Europas, erbaut. Nach der Stadtbesichtigung lockt der Strand Santa Maria del Focallo mit Sanddünen, die an die Sahara erinnern, und einer regelmäßig mit der »Bandiera Blu« ausgezeichneten Wasserqualität. Einheimische sammeln im Sand vergrabene Muscheln zum Kochen.

43 Das Museum Porto M

Was Migranten auf ihrer Flucht lieb und teuer ist

Politisch gehört Lampedusa zu Italien, geografisch zu Afrika. Die Insel liegt nur 138 Kilometer von der tunesischen Küste entfernt. Durch ihre Lage hat sie traurige Berühmtheit erlangt: als Ort, an dem jedes Jahr Tausende Menschen auf alten Lastkähnen und überfüllten Schlauchbooten in Europa stranden oder vorher sterben. Von den rund 150.000 Migranten, die im Jahr 2023 Italien erreichten, landete die Mehrzahl auf Lampedusa. Während die Geflüchteten nach ihrer Aufnahme weiterziehen, verrotten die Bootsreste auf dem Bootsfriedhof der Insel. Stumme Zeugen, beschlagnahmt, nummeriert und zur Verschrottung bestimmt.

Doch die Müllhalde erzählt auch eine andere Geschichte: die eines Kampfes um den Erhalt dieser Spuren. In einem verlassenen Boot fand Giacomo Sferlazzo, der Gründer des Kollektivs »Askavusa«, 2009 eine Kiste mit Briefen, Gebeten und Fotos aus Äthiopien. Dinge, die jemandem so wichtig waren, dass er sie auf eine Reise mit ungewissem Ziel mitnahm. Der Fund läutete die Geburtsstunde des Museums Porto M ein.

In einem ausgedienten, blau gestrichenen Bootsschuppen am alten Hafen zeigt Porto M Habseligkeiten, die Sferlazzo und seine Mitstreiter von Booten bergen: Schmuck, Gebete, Dokumente, Kleidung, verblichene Fotos, abgegriffene Briefe, Flaschenpost, Schwimmwesten, Babyflaschen, Dosen, Nudelpackungen. Schnell wird klar: Hinter den Zahlen der Migrationsströme stehen Menschen. »Die Objekte sprechen«, sagt der Künstler und Liedermacher Sferlazzo. »Ihre Geschichten erzählen von der Angst, der Hoffnung, der Verzweiflung. Aber auch vom Überleben derer, die die Überfahrt auf der gefährlichsten Migrationsroute nach Europa gewagt haben.«

Neben dem Museum betreibt Porto M auch ein Puppentheater und eine Bar. Abends füllt sich die Terrasse an der Hafenpromenade mit jungen Leuten, die bei einem *aperitivo* und Reggae- und Jazzsessions mehr über die Geschichte der Insel erfahren wollen.

Adresse Lungomare Luigi Rizzo 1, 92010 Lampedusa | Anfahrt ab Porto Empedocle Tragflügelboote (Aliscafi) der Liberty Lines (4 Stunden) und Fähren von Siremar (9 Stunden), Fahrpläne und Tarife auf den Websites, Reservierung empfohlen; alternativ auch Flugverbindungen | Öffnungszeiten Mo–Sa 18–0.30 Uhr | Tipp Der WWF unterhält auf Lampedusa eine Auffangstation für Meeresschildkröten. Jedes Jahr pflegen Meeresbiologen um die 100 Tiere gesund und wildern sie wieder aus. Das »Centro di Recupero Fauna Selvatica e Tartarughe« am Ende der Contrada Punta Sottile beim Fischereibetrieb »Acquacoltura« steht Besuchern offen.

44 Die Inselfischer

Wo Fischer in die Geheimnisse des Meeres einweihen

Im Morgengrauen starten die Fischer der »Cooperativa San Giuseppe« den Motor. Die Sonne versteckt sich noch hinter dem Horizont, Wasser und Himmel verschmelzen zu einem dunstigen Ganzen. Während das Boot über die Wellen tuckert und das winzige, noch von Straßenlaternen erleuchtete Dorf – die weißen Häuser mit den türkisen Fensterrahmen von Levanzo – hinter sich lässt, wird den Gästen an Bord Kaffee aus der Thermoskanne serviert.

Auf den Ägadischen Inseln bieten Fischer *pescaturismo* (Fischereitourismus) an. Einen Tag lang können die Besucher die Berufsfischer an Bord ihrer Boote begleiten, die Geheimnisse und Traditionen des sizilianischen Fischfangs hautnah erleben und den Geschichten und Legenden derer lauschen, die 365 Tage im Jahr auf dem Meer verbringen.

Während die Boote entlang der Steilküste fahren, offenbaren sich Höhlen, Buchten und Strände, die vom Land aus kaum zu erreichen sind. Gemeinsam werden die Netze eingeholt. Oft verfangen sich Rotbarben, Garnelen, Meeräschen, Zackenbarsche und sogar Tintenfische darin. Der Fang wird noch an Bord zubereitet, oft mit einer schmackhaft würzigen *ghiotta*, einer sizilianischen Soße aus gebratenen Zwiebeln, Sellerie, Tomaten, Kapern und Oliven.

Die Genossenschaft zählt derzeit 34 Mitglieder und 12 Motorboote. Gefischt wird ausschließlich mit traditionellen Fangmethoden, also Netzen, Reusen, Langleinen und Waden, drei bis sechs Meilen vor der Küste. Leidenschaftlich erzählen die Männer von ihrer Arbeit und den Gefahren, die von hoch technisierten Fangflotten und Schleppnetzpiraten für das Ökosystem Meer ausgehen. Einige Fischer auf Favignana und Marettimo bieten auch Übernachtungen an, eine Art Urlaub auf dem Bauernhof – nur in der Welt des Meeres. Für die Fischerfamilien bedeutet die Gastfreundschaft ein gutes und oft wichtiges Zubrot. Für die Gäste ist es eine einmalige Gelegenheit, die Inseln neu zu entdecken.

Adresse Informationen zum Fischereitourismus per E-Mail an info@coopsangiuseppeegadi.com | Anfahrt ab Trapani Tragflügelboote (Aliscafi) der Liberty Lines sowie Fähren von Siremar nach Levanzo, Favignana und Marettimo, Fahrpläne und Tarife auf den Websites, Reservierung empfohlen | Tipp Geschätzte 10.000 bis 15.000 Jahre alt sind die 34 Felsmalereien und -ritzungen in der Grotta del Genovese. Deutlich lassen sich darauf Frauen, Kinder, Hirsche, Rehe und Pferde aus dem späten Paläolithikum erkennen. Der Besuch mit Führung ist nach Anmeldung per E-Mail an info@grottadelgenovese.it möglich.

45 Die Grotta del Gelo

Eine Höhle aus Eis im Innern eines Lavatunnels

Den südlichsten mehrjährigen Gletscher Europas vermutet man vielleicht in Slowenien oder Österreich, aber sicher nicht auf Sizilien. Und schon gar nicht auf einem Vulkan. Tatsächlich verbirgt sich im Bauch des Ätna die »Grotta del Gelo«, eine von Lava geschaffene und in bizarrer Schönheit erstarrte Unterwelt aus Eis.

Der Club Alpino Italiano zählt 214 Lavahöhlen am Ätna. Sie ähneln meist Tunneln, die entstehen, wenn eruptiertes Magma außen abkühlt, die Lava im Inneren aber ihre hohe Temperatur von rund 1.000 Grad Celsius beibehält. Während die Kruste erstarrt, fließt die glühende Masse innen weiter. Erst wenn keine frische Lava mehr nachströmt, verfestigt sich ein Hohlraum. Die Grotta del Gelo an der Nordflanke bildete sich bei der stärksten bisher dokumentierten Eruption des Ätna im Jahr 1614, die zehn Jahre andauerte.

Zur Eishöhle führen mehrere Wanderwege. Die Pfade sind mit Schildern, Steinmännchen, Stöcken und Farbspray markiert. Auf den ersten Kilometern geht es noch beschaulich vorbei an Buchen, Birken, Kastanien und Kiefern, zwischen wildem Fenchel und Orchideen. Dann entfaltet sich jäh eine überwältigende, von Pāhoehoe-Lava aufgeworfene Landschaft: tiefschwarze Girlanden, Schlackenkegel, Ausbruchsspalten und Wülste.

Der Eingang zur Höhle ist mehr ein Riss auf einem Plateau in 2.030 Meter Höhe und von Schneefeldern umgeben. Mit jedem Schritt tiefer in die Höhle sinkt die Temperatur, bald kondensiert der Atem. Teils aufrecht, teils auf allen vieren geht es durch den Hauptstollen über von Eis umschlossene Lavabrocken. Es ist stockdunkel, nur der Schein der Taschenlampe bringt die eisblauen Stalaktiten und Stalagmiten zum Funkeln. Überall tropft und gluckert es, nicht zuletzt, weil auch hier das Eis im Zuge des Klimawandels schmilzt. Ein Grund mehr, nur mit erfahrenen Bergführern hinabzusteigen, die um die Bedeutung des Ortes wissen und ihn zu bewahren suchen.

Adresse Aufstieg beispielsweise vom Rifugio Ragabo, Strada Mareneve, 95015 Linguaglossa | Anfahrt in 20 Autominuten von Linguaglossa zum Rifugio, ausgeschilderter Wanderpfad bis zur leicht zugänglichen »Grotta die Lamponi«, dann links querfeldein; Ausdauer, Trittfestigkeit und Kondition erforderlich, Route auf www.myetnamap.it; erfahrene deutschsprachige Berg- und Vulkanführer über »Gruppo Guide Etna Nord«: www.guidetnanord.com | Tipp Wie in Centuripe steht auch in Linguaglossa auf 1.530 Metern Höhe eine »Big Bench«. Rot wie die Lava des Ätna hat die »Panchina Gigante #200« inmitten einer schwarzen Lavawüste an der Strada Mareneve ihren Platz gefunden, 200 Meter vor der Abzweigung nach Piano Provenanza.

46 Die Cave di Pomice

Eine blendend weiße Schlucht aus Bimsstein

Bims ist erstaunlich. Statt wie andere Steine ins Wasser zu sinken, schwimmt Bims obenauf. Möglich macht das seine poröse Struktur, die entsteht, wenn zähflüssige Lava beim Auswurf durch Gasbläschen aufgeschäumt wird und dann an der Luft erstarrt. Damit nicht genug, wird das Vulkangestein beim Erkalten nicht lavaschwarz, sondern schneeweiß.

Die Äolische Insel Lipari ist reich an diesem Gestein. Praktisch die gesamte steil ins Meer abfallende Ostflanke des Monte Pilato ist davon bedeckt. Das kristallklare Wasser leuchtet hier wegen der Bimssedimente am Meeresgrund so türkis und smaragdgrün wie ein Korallensandstrand.

Lange war Bims ein wichtiger Wirtschaftsfaktor der Insel und wurde in den »Cave di Pomice« abgebaut und verschifft. Ende 2007 wurde der Abbau auch auf Drängen der UNESCO eingestellt. Seitdem ist auf dem Fabrikgelände nicht viel passiert. Bulldozer und Förderbänder rosten vor sich hin. Stahlbetonträger ragen aus dem Gestrüpp. In staubigen Lagerhallen warten palettenweise Schleifmittel auf den Abtransport. Selbst Aktenordner mit Lieferlisten und Lohnabrechnungen stehen noch sorgsam sortiert in den Regalen. Die einzigen Menschen hier sind die Fischer, die auf den notdürftig mit Holzplanken bedeckten Verladepontons angeln.

Wie der Bims, so überrascht auch der Steinbruch. Die Bergbauaktivität hat im Zusammenspiel mit der salzigen Gischt eine Schlucht in den Bimsberg gefressen. Die blendend weiße Klamm kann man auf eigene Faust – und auf eigene Gefahr – erkunden. Je tiefer man vordringt, desto enger stehen die Türme und Zinnen zusammen. Stellenweise muss man über Felsblöcke klettern oder sich durch bröckelige Engstellen zwängen. Am Boden fallen kleine, glasartige Steine mit scharfen Bruchkanten auf. Sie erinnern zu Recht an Pfeilspitzen aus der Jungsteinzeit: Es ist Obsidian – wie Bims ein vulkanisches Gestein, nur nicht schneeweiß, sondern pechschwarz.

Adresse 98050 Porticello | Anfahrt Tragflügelboote (Aliscafi) der Liberty Lines und Fähren von Siremar ab Milazzo, Anfang Juni – Mitte Sept. auch ab Palermo, Messina und Cefalù, Fahrpläne und Tarife auf den Websites, Reservierung empfohlen; zur Fabrikruine wahlweise mit dem Bus (Haltestelle »Cave di Pomice«) oder dem Auto auf der SP 180 (Parkplatz »Porticello Spiaggia«), von Canneto kommend Schlucht auf Höhe der kleinen Brücke, oberhalb von Strand und Industriebrache | Tipp Nördlich der Cave di Pomice schließt sich ein Obsidianstrom an, der aus einem Kraterrand am Monte Pelato austrat. Verwitterter Obsidian ist graubraun, das glänzende Schwarz kommt zum Vorschein, wenn man Stücke abschlägt.

47__Die Salinen

Wo sich Windmühlen und Salzberge spiegeln

Aus Afrika wehen heiße Wüstenwinde über die Küstengewässer. Im seichten Wasser spiegeln sich weiße Salzhügel vor Windmühlen mit roten Spitzdächern. Bald verschmelzen Himmel und Wasser. Der glutrote Ball der untergehenden Sonne taucht die Szenerie in ein goldenes Orange und malt den schönsten Sonnenuntergang Siziliens.

Die Salinen von Marsala sind berühmt für ihr hochwertiges Meersalz. Die Salzbecken sind durch Kanäle miteinander verbunden, sodass das Wasser mit leichtem Gefälle stufenweise in tiefer gelegene Becken abfließen kann. Durch die Kraft von Sonne und Wind verdunstet es nach und nach. Übrig bleiben die weißen Salzkristalle, die von den Bauern eingesammelt werden. Die oberste Schicht, *la gemma di sale*, gilt als besonders wertvolles, mild schmeckendes »Salzjuwel«.

Das Verfahren der Salzgewinnung wurde vermutlich vor 2.700 Jahren von den Phöniziern entwickelt und hat sich seitdem kaum nennenswert verändert. Die Salzpfannen von Marsala gehen in ihrer heutigen Form auf die Normannen zurück. Im Spätmittelalter kamen die charakteristischen Windmühlen hinzu, von denen die aus dem 16. Jahrhundert stammende am Eingang mit ihrem Museum die bekannteste und meistfotografierte ist. Weniger überlaufen ist die Salina Culcasi, ein Familienbetrieb mit Salzmuseum und Mühle im benachbarten Weiler Nubia. Dem Trubel entgeht man auch, wenn man sich in Marsala auf dem Parkplatz links vom Eingang durch den Bambus schlängelt (Vorsicht, direkt dahinter verläuft ein Kanal). Von dort aus kann man in aller Ruhe den Arbeitern bei der Salzernte zuschauen und hat eine gute Sicht auf die Salzberge und natürlich den Sonnenuntergang.

Da die Feuchtgebiete viele Wasservögel anziehen, kommen in den Salzgärten zudem nicht nur Romantiker, sondern auch Vogelliebhaber auf ihre Kosten. 170 Vogelarten wurden hier gezählt, mit Kolonien von rosa Flamingos und anderen Zugvögeln auf ihrem Weg ins nahe Afrika.

Adresse Saline Ettore e Infersa, Contrada Ettore Infersa, 91025 Marsala; Salina Culcasi, Via Chiusa, 91027 Paceco; www.seisaline.it | **Anfahrt** über die Küstenstraße nach Marsala, dann in Richtung Mozia, der Beschilderung zur Riserva Naturale dello Stagnone folgen | **Öffnungszeiten** ganzjährig, im Winter nach Vereinbarung, meist 11–18/19 Uhr, weitere Informationen auf der Website | **Tipp** In den geschichtsträchtigen Cantine Florio in der Via Vincenzo Florio 1 mit Meerblick und mediterranem Garten kann man nicht nur den berühmten Likörwein aus Marsala probieren. Der Garibaldi-Saal stellt zudem Waffen aus, die der Freiheitskämpfer dem früheren Besitzer Vincenzo Florio als Dank für seine Treue schenkte.

48 Piazza Regina Margherita

Thunfisch speisen in pittoresker Kulisse

Marzamemi ist der Inbegriff eines mediterranen Fischerdorfes. Am Hauptplatz, der Piazza Regina Margherita, kommen die Menschen wie in einem großen Patio zusammen. Flankiert von zwei Dorfkirchen, reihen sich niedrige Häuschen mit Sandsteinfassaden und himmelblauen Türen aneinander, die von Bougainvilleen wie von rosa Gischt umschäumt werden. Mehrere Restaurants, Bars und Tavernen haben sich an diesem pittoresken Ort niedergelassen. Ihre bunt angemalten Stühle und Tische werden abends von den Lichterketten über der Piazza in ein warmes Licht getaucht. Fisch und Meeresfrüchte gibt es in Hülle und Fülle.

Viele Besucher zieht es zu den Trattorie »Donna Nina« und »La Cialoma«, die ihre Speisen direkt an der Piazza auftischen. Etwas abseits überzeugt auch das »Cortile Arabo«. Zwar ohne Blick auf die belebte Piazza, dafür aber mit einer weiß getünchten Holzterrasse über dem Meer. Der Name bedeutet übersetzt »Arabischer Innenhof«, was die Geschichte des Ortes aufgreift.

Der Ortsname Marzamemi geht auf die Araber zurück. Sie sprachen von *marsà al-ḥamāma*, was übersetzt »Bucht der Turteltauben« bedeutet. Im 10. Jahrhundert errichteten sie die erste Tonnara, die aufgrund ihrer Größe und Produktivität jahrhundertelang die wichtigste Thunfischfabrik des Ostens war. Hier wurde der reiche Fang verarbeitet und in Salz oder Öl eingelegt.

1700 kaufte der Fürst von Villadorata die Thunfischfabrik und veränderte das Stadtbild grundlegend. Rund um die Piazza entstanden neue Arbeiterhäuser, ergänzt um eine Kirche und den Fürstenpalast, die beide durch einen Steinbogen miteinander verbunden sind. Seeleute, Fischer, Seiler, Salzer und Fischverkäufer ließen sich in den Häusern nieder, von denen jedes eine Tür zum Meer und eine zum Dorfplatz hat. Auch heute noch versorgen die Fischer die Restaurants täglich mit Fisch, die damit Traditionsgerichte wie *Couscous di pesce* zubereiten.

Adresse Piazza Regina Margherita, 96018 Marzamemi | Anfahrt zum Altstadtkern durch die neuen, uncharmanten Ortsteile, vor der Piazza parken, etwa am Parkplatz in der Via Corrado Montoneri | Tipp Das Traditionsunternehmen Campisi in der Via Marzamemi 12 verkauft in einer alten Fischhalle Thunfischkonserven aus Eigenproduktion. Seine Spezialitäten sind die *Bottarga di tonno rosso*, ein getrockneter Thunfischrogen für Pasta nach arabisch-phönizischer Zubereitungsart, sowie die würzige, sirupartige Fischsoße *Tuna Garum*, ein Aphrodisiakum der alten Römer.

49 Das Hausatelier

Eine Familie macht ihr Zuhause zum Gesamtkunstwerk

Kunst ist in Mazara del Vallo allgegenwärtig. Überall in den verwinkelten Altstadtgassen sind Mauern und Hauswände mit Keramikfliesen geschmückt, die von der Geschichte der Hafenstadt erzählen. Dutzende Künstler haben ihre Heimatstadt auf diese Weise unverwechselbar gemacht. Eine Unterschrift liest man häufiger als andere: die von Emmanuele Lombardo. Ihm kann man bei seinem Schaffen über die Schulter schauen – in seinem Zuhause, das er in ein Gesamtkunstwerk, eine *casa museo*, verwandelt hat.

»Früher habe ich Kunst gekauft. Dann habe ich angefangen, selbst welche zu machen«, erzählt der Mittsiebziger, der einst als Reiseveranstalter ein ganz anderes Leben führte. Es dauerte 40 Jahre, bis er dem Familienbetrieb den Rücken kehrte. Emmanuele beschloss, sich seiner Leidenschaft, der Kunst, zu verschreiben. Bald zog die ganze Familie nach. Seine Frau Francesca De Santi, Architektin und früher Kunstlehrerin, entwirft heute Möbel, figurative Vasen und Mobiles. Tochter Tania hat an der Kunstakademie in Rom studiert, von ihr sind die farbenfrohen Ölgemälde im Salon. Und Sohn Nino fotografiert im Großformat.

In dieser Welt der Farben und Formen vermischt sich der Geruch von Ölfarbe mit dem von Töpferware, Glasschmelze, Lötkolben und Tusche. Draußen sind die Wege rund um das Haus nach prominenten Persönlichkeiten benannt: Es gibt den Beethoven-Platz, die Pirandello-Pagode oder die Sokrates-Passage. An einer Wand baumeln die Glieder alter Schaufensterpuppen, im Gartenpavillon tanzen Mobiles aus Buntglas im Wind, auf der Terrasse konkurrieren Eisenskulpturen mit Mosaiken und Raku-Keramiken um Aufmerksamkeit. Dazwischen streunen Hühner, Katzen und der Familienhund.

Das Haus ist ein offenes Museum. Ein für jeden zugängliches, anarchistisches Atelier. Alles wird wiederverwertet und umgewandelt – in Kunst, Dekoration oder ein Möbelstück. Schließlich handelt es sich immer noch um das Zuhause der Familie Lombardo.

Adresse Via Lussemburgo, 91026 Mazara del Vallo | **Anfahrt** von der Via dell'Unità Europea in eine unbefestigte schmale Straße abbiegen (links Mauer, rechts Freifläche) | **Öffnungszeiten** täglich 10–13 und 17–20 Uhr mit der Bitte um Absprache unter +39/347/6265850 oder per E-Mail an niname@hotmail.it | **Tipp** Das 1849 eingeweihte Teatro Garibaldi in der Via Carmine 15 wurde von Schiffsbauern errichtet, ist von rustikaler Eleganz und reich an folkloristischen Darstellungen. Der Stolz der Stadt ist der »Tanzende Satyr«, eine Bronzestatue aus dem 4. Jahrhundert vor Christus, die 1997 von Fischern im Meer gefunden wurde und in der entweihten Kirche Sant'Egidio an der Piazza Plebiscito ausgestellt ist.

50 Die Kasbah

Kobaltblaue Tore, Mosaike und der Duft von Couscous

Der Ruf des Muezzins hallt durch die Gassen. Gewürzhändler sitzen vor ihren Läden, ein paar Jungs kicken. Bunte Majolika-Fliesen, Ornamente und Mosaiksteine schmücken die Hauswände, und aus offenen Küchenfenstern strömt der Duft von Couscous.

Wer durch das Labyrinth der verwinkelten Altstadt schlendert und keine Ahnung hat, wo er sich befindet, könnte denken, er spaziere durch die Medina einer nordafrikanischen Hafenstadt. Mazara del Vallo geriet 827 als erster Ort Siziliens unter arabische Herrschaft, bevor Kaiser Friedrich II. rund 400 Jahre später den Großteil der sizilianischen Sarazenen nach Apulien aufs Festland umsiedelte. Im 17. und 18. Jahrhundert wurde der Stadtkern aus islamischer Zeit, die Kasbah, mit barocken Bauten ergänzt.

In den 1970er Jahren kamen erneut Einwanderer aus dem Maghreb, vor allem aus Tunesien, das keine 200 Kilometer entfernt auf der gegenüberliegenden Seite des Mittelmeers liegt. Sie heuerten als Fischer auf den Kuttern an. Heute hat schätzungsweise die Hälfte der Besatzungen der über 350 lokalen Fischereiboote tunesische Wurzeln.

Küstenstädte sind immer eine Mischung aus Völkern, Farben und Geschmäckern. Mazara del Vallo ist Ausdruck einer Welt, in der sich Orient und Okzident vermischen und friedlich koexistieren. Die Kasbah von Mazara del Vallo beherbergt eine der wenigen Moscheen Italiens, in der der Muezzin fünfmal am Tag zum Gebet ruft. Nur wenige Meter davon entfernt steht die Chiesa di San Francesco, eine der schönsten Barockkirchen der Stadt, deren Inneres mit prächtigen Fresken, Reliefs und Stuckstatuen überladen ist.

Überall finden sich Kacheln und Skulpturen lokaler Künstler. Viele Szenen sind der Migrationsgeschichte der Stadt gewidmet, die sich am besten mit dem Wort »mediterran« beschreiben lässt: mit dem Mittelmeer als verbindendem Element verschiedener Kulturen und Religionen.

Adresse privates Wohnhaus mit kobaltblau getünchter *porta blu*: Via Pilazza 31; mit Fliesenornamenten geschmücktes Kultur- und Sozialzentrum »Casa Tunisia«: Via Bagno 34, 91026 Mazara del Vallo | Tipp Im Fischereihafen liegt die größte Fischkutterflotte Italiens, wovon die vielen Restaurants rund um die Kasbah profitieren. Auf keinen Fall sollte man sich den »Gambero Rosso di Mazara«, eine von Spitzenköchen geschätzte Delikatesse, entgehen lassen. Das rubinrote Krustentier wird nur vor dieser Küste in sauberen und tiefen Gewässern gefischt.

51 Die astronomische Uhr

Ein Glockenturm mit viel Tamtam

Im Italienischen sind die Wochentage nach römischen Gottheiten und ihrer Beziehung zu den Himmelskörpern benannt. *Lunedì* meint den Mond (Mondgöttin Luna), *martedì* Mars (Gott des Krieges), *mercoledì* Merkur (Gott des Handels), *giovedì* Jupiter (höchste Gottheit), und *venerdì* ehrt die Venus (Göttin der Liebe). *Sabato* verwies auf Saturn (Gott der Aussaat), wurde aber später nach dem hebräischen »Schabbat« umbenannt. Ebenso ersetzte *domenica* (Tag des Herrn) die alte Bezeichnung »Solis dies« (Tag der Sonne).

Wer das weiß, findet sich am Glockenturm der Kathedrale von Messina besser zurecht. Immerhin prangt an seiner Fassade die größte mechanische und astronomische Uhr der Welt. Ihre Zeitanzeige erstreckt sich über acht Ebenen. Die Wochentage sind ganz unten: Jeden Tag fährt eine antike Gottheit im Triumphwagen aus dem Turm, gezogen von Hirsch, Chimäre oder anderen Wesen der Mythologie. Darüber reihen sich ein ewiger Kalender, die Tierkreiszeichen sowie die Mondphasen ein. Bei den vier Lebensaltern ziehen lebensgroße Figuren von Kind, Jüngling, Krieger und Greis an einem Skelett vorbei, das im Takt der Stundenglocke die Sense schwingt.

Die große Show startet um 12 Uhr. Dann setzt sich die Mechanik in Bewegung. Den Auftakt machen Bibelszenen, von einer sich aus dem Boden wuchtenden Wallfahrtskirche bis zu Jesu Auferstehung, musikalisch untermalt von Schuberts »Ave Maria«. Anschließend läuten zwei Frauengestalten die Glocken, so wie einst Dina und Clarenza, die Messina beim Volksaufstand von 1282 (»Sizilianische Vesper«) mit Sturmgeläut vor den Truppen der Anjou warnten. Über der Szenerie brüllt ein vier Meter hoher vergoldeter Löwe, der die Stadtfahne schwingt – das Symbol der siegreichen Sizilianer. Weiter unten kräht ein Hahn und schlägt mit den Flügeln. Die einen sehen in ihm das Wiedererwachen Messinas, die anderen weniger rühmlich die Franzosen auf der Flucht.

Adresse Piazza Duomo, 98122 Messina | Anfahrt über den Corso Cavour | Öffnungszeiten Di–So 10–13 Uhr, Glockenspiel um 12 Uhr, Aufstieg auf den Glockenturm möglich | Tipp Der auf einem Hügel gelegene »Tempio Votivo di Cristo Re« bietet einen schönen Panoramablick auf Messina, den Hafen und die Meerenge. Das barocke Grabmal wurde für die Gefallenen der beiden Weltkriege errichtet. In das Bauwerk integriert wurden Überreste der Rocca Guelfonia, auch Castello Matagrifone genannt, wo Richard Löwenherz überwinterte, bevor er zum dritten Kreuzzug ins Heilige Land weiterzog.

52 Dalla und Battiato

Eine Bronzeskulptur zu Ehren zweier Liedermacher

Lucio Dalla und Franco Battiato, zwei der größten *cantautori* Italiens, verband eine tiefe Freundschaft. Ihre Villen lagen nur wenige hundert Schritte voneinander entfernt am Osthang des Ätna. Battiato war in der Nähe geboren worden und kehrte nach seinen Mailänder Jahren in den 1980er Jahren nach Milo zurück. Über seine Heimat schwärmte er: »Von Taormina bis Syrakus ein herrlicher Himmel und ein wunderbares Meer. Eine reiche Vegetation mit jahrhundertealten Pinien, von denen einige so schief sind, dass sie fast den Boden berühren. Japanische Bäume, die kleine Mandarinen tragen, Grapefruits und üppige Orangenbäume, obwohl wir uns auf 800 Metern Höhe befinden.«

Im Sommer trafen sich die Liedermacher oft, so unterschiedlich sie auch waren: Dalla habe üppige Mahlzeiten mit Freunden geliebt, während Battiato die Einsamkeit bevorzugte, erzählt man sich im Dorf. Hier der offenherzige *bugiardo* mit Schalk und Witz, dort der scheue *maestro*, ein Pop-Philosoph mit feinem Humor und Experimentierfreude. Beide gleichermaßen von den Italienern für ihre *canzoni* verehrt, ihre poetischen, nachdenklich-ironischen, sozialkritischen Lieder. Anfang der 1990er Jahre überredete Battiato seinen Freund aus Bologna zum Kauf eines Sommerhauses. Von Battiatos »Villa Grazia«, zur Straße hin durch eine zartrosa Mauer vor Blicken geschützt, führte ein mit Lapilli bedeckter Feldweg zu Dallas Anwesen – von der Eiche, unter der Battiato zu meditieren pflegte, bis zu Dallas Rebstöcken für seinen Wein »Stronzetto dell'Etna« (Der kleine Scheißer vom Ätna).

Seit August 2021, zehn Jahre nach Dallas und ein Jahr nach Battiatos Tod, erinnert eine Statue im Ortskern an die Ausnahmekünstler. Auf dem Belvedere sitzt ein lebensgroßer Lucio Dalla aus Bronze am Klavier. Ihm gegenüber steht Franco Battiato, in Gedanken versunken. Ihre Blicke treffen sich, egal aus welcher Perspektive man die Musikerfreunde betrachtet.

Adresse Piazza Belvedere Giovanni D'Aragona, Via Etnea 3, 95010 Milo | Anfahrt über eine steile, enge Straße nach Milo, zu Battiatos »Villa Grazia« der Via Etnea durch den Ortskern folgen, dann rechts runter (Via Giuseppe Mazzini 57, Praino) | Tipp Am Ortseingang überrascht in der Via Crisafulli die Eselfarm »Asilat« mit Käse und Kosmetik aus Eselmilch. Ein Erlebnis ist der »Brunch Siciliano«: Neben einer Degustation kommt man den Eseln ganz nah und darf beim Melken helfen.

53 Die Dolceria Bonajuto

Dunkle Schokolade wie zu Zeiten der Azteken

Als Christoph Kolumbus 1492 in der »Neuen Welt« landete, gehörte auch Sizilien zur Krone von Kastilien. Die Kolonialherren erkannten schnell die Bedeutung des Kakaos in Mesoamerika. Vermutlich war es der berüchtigte Eroberer Hernán Cortés, der die ersten Bohnen für die Zubereitung des »Xocolatl« verschiffte. Von den Azteken als herb-würziges Getränk gereicht, fügten die Spanier Zucker hinzu. So eroberten Kakao und Schokolade schließlich den alten Kontinent.

In Modica wird noch heute Schokolade wie zu Zeiten der Azteken hergestellt. Der Geschmack ist allerdings gewöhnungsbedürftig: Modica-Schokolade zergeht nicht cremig auf der Zunge, sondern ist körnig, brüchig und schmeckt intensiv nach geröstetem Kakao. Die unvertraute Konsistenz ergibt sich durch das traditionelle Kaltverfahren und den Verzicht auf gaumenschmeichelnde Zusätze wie Milch, Butter, Pflanzenfett und Lecithin.

Seit gut 20 Jahren floriert das Geschäft mit Modica-Schokolade, *cioccolatieri* gibt es in der Barockstadt wie Sand am sizilianischen Meer. Älteste Manufaktur ist die »Antica Dolceria Bonajuto«. Seit 1880 setzt die Familie Bonajuto auf authentische Herstellungsmethoden. Sie verarbeitet den gemahlenen Kakao bei maximal 40 Grad, was das Schmelzen der Zuckerkristalle verhindert und die körnige Textur erklärt. Früher wurden die Bohnen noch von Hand auf einem erhitzten Lavastein aufgeschmolzen, die Gewürze mit dem Stößel eingerieben und die Masse ausgewalzt. Heute geschieht dies maschinell.

Lauwarm wird die fertige Schokoladenmasse in Zinnformen zu Tafeln gegossen und mit Chili, Ingwer, gemahlenen Mandeln oder geriebenen Zitrusschalen verfeinert. Die Variante mit Vanille und Zimt erinnert an das aztekische Original. Wer eine ausgefallene Süßigkeit probieren möchte, die es nur in Modica gibt, fragt nach den *Mpanatigghi*, halbmondförmigen *biscotti* mit einem zarten Kern aus Schokolade und Rindfleisch.

Adresse Corso Umberto I 159, 97015 Modica, www.bonajuto.it | Anfahrt über die SS 194 oder die E 45/SS 115 nach Modica, Gasse zum Laden gegenüber vom Dom | Öffnungszeiten täglich 9–24 (Sommer), täglich 9–20.30 Uhr (Winter) | Tipp Wer im Thema bleiben will, besucht das liebevoll gestaltete Schokoladenmuseum nebenan. Abends geht es in die Trattoria »Il Girasole« hinter der Wallfahrtskirche Madonna delle Grazie, die ohne Schnickschnack Hausmannskost und selbst gemachte Ravioli serviert.

54__Der Arco Azzurro

Der Felsbogen aus dem Werbespot der Baci-Pralinen

Vor den Toren Palermos schwebt einer der romantischsten Orte Siziliens hoch über dem Meer: der »Arco Azzurro«, eine Arkade aus Dolomitstein, die in elf Metern Höhe eine schmale Felsenbucht überspannt. Vielen älteren Italienern dürfte der Felsbogen noch aus dem Fernsehen bekannt sein. In den 1970er Jahren diente er als kitschige Kulisse für einen Werbespot der Pralinen »Baci Perugina«. Seitdem trägt er den Spitznamen »Bogen der Verliebten« und Brautpaare balancieren auf ihm für das ultimativ romantische Foto.

Die Geschichte des Arco Azzurro ist bemerkenswert: Angezogen von dem atemberaubenden Panorama, ließ Nicola Prestifilippo, Boss des Ciaculli-Clans, 1983 illegal eine Villa bauen, die jedoch nie fertiggestellt wurde. Dem Mut einiger Lokalpolitiker und Bürger ist es zu verdanken, dass der Fall vor Gericht kam. Nach 24 langen Jahren führte der Prozess zum Erfolg: Das Grundstück ging an die Gemeinde, das Betonskelett wurde abgerissen, die Landschaft sensibel wiederhergestellt und als sogenannter »Geosito« geschützt.

Damit hebt sich der Arco Azzurro nicht nur vom Meer, sondern auch von seiner Nachbarschaft ab. Die meisten Zugänge zur Steilküste sind durch Privatvillen versperrt. Selbst die nahe gelegene »Spiaggia dei Francesi«, die ihren Namen einer Hotelanlage verdankt, die Mongerbino in den 1950er Jahren zu einem Hotspot für französische Touristen machte, ist neuerdings durch ein Tor abgeriegelt.

Ganz anders der Arco Azzurro: Auf einer Panoramaterrasse finden Jazzkonzerte, Yogakurse und *aperitivi* bei Sonnenuntergang statt. Informationstafeln geben Auskunft über Geologie, Flora und Fauna. So erfährt der Besucher, dass der Küstenabschnitt zwischen Aspra im Westen und Capo Zafferano im Osten aus zerklüftetem Kalkstein und von Unterwasserhöhlen durchzogen ist. Segler und Schnorchler kennen vermutlich den schönsten Anblick des Arco Azzurro: den vom Meer aus.

Adresse Litoranea, Comunale Mongerbino, 90011 Aspra | Anfahrt durch Bagheria, der Beschilderung zum Arco Azzurro folgen, in der Stichstraße bis zum Tor, die steile Einfahrt zu Fuß runterlaufen | Öffnungszeiten Mo–Fr 12–16.30 Uhr, Sa, So 10–12.30 und 16–18.30 Uhr, nur nach Vereinbarung unter Tel. +39/380/1391111 oder per E-Mail an geositoarcoazzurro@gmail.com | Tipp Das private »Museum« in der Via Luigi Cherubini 12 in Bagheria ist in der internationalen Kunstszene bekannter als in seiner Heimat. Unter dem Motto »Osservatorio dell'arte contemporanea in Sicilia« zeigt es unter anderem Arbeiten des sizilianischen »Magnum«-Fotografen Ferdinando Scianna.

55 Der Kloster-Kreuzgang

In diesem Arkadengang ist jede Säule ein Unikat

Der Kreuzgang des früheren Benediktinerklosters erinnert entfernt an die Alhambra im spanischen Granada. Die besten Steinmetze des 12. Jahrhunderts schufen im *chiostro*, direkt neben der mit prächtigen Goldmosaiken ausgekleideten Kathedrale, ein Meisterwerk aus arabisch anmutenden Spitzbögen, Säulen und Kapitellen.

Um einen Innenhof gruppieren sich 26 Arkaden. Diese Spitzbögen werden von über 200 paarweise angeordneten Marmorsäulen getragen. Das Besondere: Jedes Säulenpaar ist ein Unikat. Manche sind seidig glatt, andere tragen Zickzackmuster. Hier schimmern rote Glaseinlagen im Sonnenlicht, dort rankt sich eine steinerne Schlingpflanze um den Schaft, anderswo sind es schwarze Arabesken. Auch die Kapitelle erzählen ihre eigenen Geschichten. Man erkennt Jesus und seine Apostel, sieht aber auch Menschen bei der Weinlese, auf der Jagd oder im Kampf mit Monsterwesen. Kunsthistoriker erklären die stilistische Vielfalt damit, dass verschiedene Meister aus dem gesamten Mittelmeerraum am Werk waren.

In einer Ecke des Hofes durchbricht ein Miniatur-Kreuzgang, der *chiostrino*, die Symmetrie. In seiner Mitte befindet sich ein Wasserbecken, aus dem sich eine reich verzierte Säule in Form eines Palmenstammes erhebt. Das Brunnenquadrat, so heißt es, soll in der Symbolsprache der mittelalterlichen Zahlenmystik die Ordnung Gottes darstellen, von dem alles ausgeht und zu dem alles zurückkehrt.

Eine weitere kuriose Zahlensymbolik hat der Autor Rainer Straub entdeckt. In seinem Buch »Die singenden Steine« legt er dar, dass die wie zufällig angeordneten Figuren auf den Säulenknäufen wohl für Töne stehen. Der Pfau wäre Ton »d«, der Löwe »f«, der Adler »c« und so weiter. Aus dieser Reihenfolge ergibt sich die Choralmelodie »Ecce virgo concipiet«. Sie besteht aus 104 Tönen, so viele, wie der Kreuzgang Doppelsäulen hat. Man könnte also theoretisch durch die Arkaden schreiten und Ton für Ton absingen.

Adresse Piazza Guglielmo II, 90046 Monreale | Anfahrt über die SS186, parken am Dom oder günstiger in der Via Ignazio Florio, von dort Fußweg über Via Torres | Öffnungszeiten Mo–Sa 9–19 Uhr, So 9–13.30 Uhr (Dom: Mo–Sa 9–13 und 14.30–16.30 Uhr) | Tipp Um die Ecke isst man im »Art Libri Totò« Holzofenpizza in einem mit Büchern vollgestellten Pop-Art-Wohnzimmer (Chiasso Ciro Menotti 6). Danach lohnt ein Besuch bei »Le Absidi – Laboratorio Mosaici«, um Mosaikkünstlern dabei zuzuschauen, wie sie abseitige Porträts von Che Guevara oder Karl Marx anfertigen (Via Arcivescovado 3).

56 Die Alcantara-Schlucht

Canyoning zwischen zersplitterten Steilwänden

Bis zu 25 Meter steil aufragende Wände aus basaltischer Lava rücken in der Alcantara-Schlucht stellenweise auf beengte vier Meter zusammen. Das Wasser ist glasklar, aber eiskalt. Die einfallende Sonne wirft Lichtspiele auf die anthrazitfarbenen Steilwände, die wie zersplittert wirken. Hier an der Nordseite des Ätna hat der Fluss Alcantara eine canyonartige Landschaft geschaffen, die von Wasserfällen und Seen durchzogen ist.

Gewaltige Lavaströme wälzten sich vor rund 8.000 Jahren den Ätna hinab. Dort trafen sie auf das eisige Flusswasser, das die glühend heiße Lava langsam abkühlte und die bizarren, prismatischen Basaltnadeln formte. Über die Jahrtausende hat sich der Fluss weiter in das Lavagestein gefressen.

Der erste Abschnitt der »Gole di Alcantara« ist leicht zugänglich. Man kann im ruhigen Flussbett stehen und zwischen den Steilwänden die Schlucht begehen. Erst weiter hinten überwindet der Fluss große Gefälle und stürzt rasant die Stromschnellen und Wasserfälle hinab. Leider wird das Gebiet seit der Eröffnung des »Alcantara River Regional Park« intensiv touristisch genutzt: mit billiger Bum-Bum-Popmusik, Bars und einem lärmenden Wasserpark.

Wer in die Tiefen der Schlucht vordringen möchte, startet aber nun einmal hier für die geführten Touren. Und die sind professionell, vom Canyoning bis zum Body-Rafting. Frühmorgens kann man den Park zumindest zeitweise in Ruhe genießen. Und etwa 100 Meter vom Haupteingang entfernt gibt es den öffentlichen, kostengünstigeren *ingresso comunale*. Er führt abseits des Trubels – zumindest unter der Woche, am Wochenende nutzen ihn viele Anwohner – über eine Treppe in die Schlucht. Grünpflanzen und blühende Blumen säumen die rund 250 steilen Stufen. Unten trifft man wieder die Parkbesucher, die ein Fahrstuhl zum Kiesufer chauffiert. Umgekehrt heißt das aber auch: Nach dem Schluchtenabenteuer kann man sich die steilen Stufen sparen.

Adresse Via Nazionale, 98030 Motta Camastra | Anfahrt über die SS 185 zwischen Taormina/Giardini Naxos und Randazzo, Flusspark kurz vor Francavilla di Sicilia | Öffnungszeiten täglich 10–20 Uhr | Tipp Fährt man weiter auf der SS 185, gelangt man zu den kleineren »Gurne dell'Alcantara«, ab der Via San Francesco 74 führt ein Rundweg zu 16 Naturbecken. Wer von Taormina auf der SS 114 anreist, sollte am Bahnhof Giardini Naxos, einem nostalgischen Jugendstiljuwel, Halt machen.

57 Das Caffè Sicilia

Süße Versuchungen im Netflix-Café

Überall auf Sizilien, in den pulsierenden Küstenstädten wie in entlegenen Bergdörfern, stehen die Menschen nachmittags vor den Tresen der Cafés Schlange, um sich eine Auswahl köstlichster *dolci* auf Pappteller füllen zu lassen: *Cannoli*, *Biancomangiare*, *Sfinci*, abgerechnet wird kiloweise. Der Inbegriff der sizilianischen Süßspeisenkultur ist die *Cassata*. Eine Versuchung aus mehreren Schichten von *Pan di Spagna*, gefüllt mit cremigem Schafsmilch-Ricotta und Schokoladentropfen, einhüllt von pistaziengrünem Marzipan und mit kandierten Früchten verziert.

Diese süße Wucht luftig-leicht zu kreieren, erfordert Können. Keiner beherrscht diese Kunst besser als Corrado Assenza. In vierter Generation führt er das »Caffè Sicilia«, das seit 1892 in Familienbesitz ist. Bei ihm schlemmten schon Robert De Niro, Mick Jagger und Julia Roberts sowie viele weitere amerikanische Promis, die Sizilien und besonders Noto auf ihrer Urlaubsliste haben – vielleicht inspiriert von der Netflix-Serie »Chef's Table«, die Corrado eine Folge widmet (Staffel 4, Folge 2).

Und doch – auch das ist eine Kunst – hat sich nichts verändert. Alles ist freundlich und unprätentiös wie immer. Mit der Espressotheke, der Süßwarenvitrine, den Bistrotischen und Signora Nives an der Kasse. Mehr braucht es nicht. Auch wenn manchmal mehr Menschen das Café aufsuchen als die Barockpaläste und Prachtkirchen, für die Noto berühmt ist.

Corrado verbrachte schon als Kind die Sommer in der Backstube. Man schmeckt seine Liebe zum Handwerk, zur Qualität und zur Tradition. Statt industrieller Zutaten sucht er persönlich aus, welcher Bauer den Ricotta für seine Torten herstellen soll und von welcher Plantage die Romana-Mandeln und schwarzen Maulbeeren stammen. Zucker streut Corrado nur ein, wenn es unbedingt sein muss. Die Philosophie des Cafés gleicht dem Familiennamen Assenza, der »Abwesenheit« bedeutet: Weniger ist mehr.

Adresse Corso Vittorio Emanuele 125, 96017 Noto | Anfahrt in der Fußgängerzone, Parkmöglichkeiten in der Via Camillo Benso Conte di Cavour, wenige Gehminuten zur Porta Reale | Öffnungszeiten täglich 8–21 Uhr | Tipp Der Palazzo Villadorata mit seinen Balkonen voller steinerner Fabelwesen und der Palazzo Nicolaci gehören zu den architektonischen Meisterwerken von Noto. Letzterer überragt die Via Corrado Nicolaci, die jedes dritte Maiwochenende Schauplatz der »Infiorata« ist, bei der Künstlerteams über Nacht Millionen bunter Blütenblätter zu einem Blumenteppich arrangieren.

58 Das Vendicari-Reservat

Postkartenidyll mit Strand, Flamingos und Ruinen

Wo die Südspitze Siziliens ins offene Meer ragt, führen rotgoldene Sandwege zu fünf Stränden inmitten eines Naturschutzgebiets. Noch bevor man in die sanften Wellen hineinschwimmt, taucht man ein in die unberührte Natur der Oasi Faunistica di Vendicari – Strandbars und Sonnenschirme gibt es keine. Der Küstenabschnitt ist ein Feuchtgebiet mit sehr unterschiedlichen Biotopen. Süßwassersümpfe und Salzwiesen, in denen rosa Flamingos, Stelzvögel, Graureiher und Kormorane rasten oder nisten, wechseln sich mit weiten Dünen und Felsküsten ab.

Drei ausgewiesene Wanderwege von im Schnitt fünf Kilometern schlängeln sich durch das Reservat. Die besten Badestrände liegen entlang der blauen Route. Sie beginnt im Norden bei den Ruinen der griechischen Stadt Eloro. Nach etwa 300 Metern fällt der feinkörnige Sand sanft ins Meer ab. Weiter geht es vorbei an wilden Lilien, Meerfenchel, Rosmarin und Wacholder über die Mündung des Flusses Tellaro, bis der Strandstreifen von Marianelli aufblitzt. Abgeschirmt von Dünen und dichten Mandel- und Zitronenhainen, gilt Marianelli als Geheimtipp – nicht nur, aber auch unter FKK-Anhängern.

Die letzte Etappe führt nach Calamosche: ein Postkartenidyll, eine Sandbucht, eingerahmt von mit Macchia bewachsenen Felsausläufern. Calamosche ist sicher der malerischste Strand des Reservats und einer der schönsten Siziliens. Ein vorgelagertes kleines Korallenriff lädt zum Schnorcheln ein.

Vogelfreunde sollten vom Haupteingang aus auf der orangen Route nach Calamosche wandern. Holzstege führen an mehreren Vogelbeobachtungsposten vorbei, und auch die Thunfischfabrik, deren Relikte eher an einen Tempel erinnern, ist einen Abstecher wert. Gleich daneben steht die Torre Sveva. Der staufische Wachturm bildet den Abschluss der grünen Archäologieroute, die bei der byzantinischen Cittadella Maccari beginnt und Vendicari um eine weitere Facette bereichert.

Adresse Contrada Vendicari, 96017 Noto, www.riserva-vendicari.it | Anfahrt von der SP 19 Abzweige zu den fünf Eingängen, jeweils mit Parkplatz: Vendicari (Haupteingang), Eloro (über die SP 59), Marianelli, Calamosche (schlecht ausgewiesen, teils auf Mauern geschmiert), Cittadella; Karte zur Orientierung auf der Website | Öffnungszeiten Zugang bis Sonnenuntergang | Tipp Die Mosaikböden der Villa del Tellaro sind kleinflächiger als die der Villa Romana del Casale bei Piazza Armerina, aber nicht weniger ästhetisch. Die Tickets sind leider recht teuer, aber vielleicht haben Sie Glück: Auf Sizilien ist der Eintritt in staatliche Museen an jedem ersten Sonntag im Monat frei.

59 Die Wassermühle

Eine Mühle aus 1690 mahlt heute wieder Urkorn

Wie ein heimeliges Nest sitzt Novara di Sicilia mittendrin, wo die Wälder der sanft geschwungenen Monti Nebrodi in das zerklüftete Peloritani-Bergmassiv übergehen. Das altertümliche Dorf erhielt den vielsagenden Beinamen »Borgo di pietra« (Steindorf). Von den eng gereihten Häusern über die von Bögen überspannten Gassen bis zu den Balustraden: Alles besteht aus dem örtlichen Sandstein, und die Steinmetzkunst ist der Stolz ganzer Familien.

Auch Mario Affannato ist Steinmetz und Erbe einer langen Familientradition. Allerdings auf eine etwas andere Art. Einst gab es 14 Wassermühlen in der Region. Heute ist seine Familienmühle aus dem Jahr 1690 als einzige noch in Betrieb. Bevor man die alte Mühle betritt, empfängt einen Marios verwunschener, märchenhafter Garten. Eine üppig grüne Oase mit Nero d'Avola-Reben, weißen Feigen, Kiwis, Agapanthusblüten, Mispel- und Maulbeerbäumen, Wunderblumen und würzig duftender Bergminze. Der Bach San Giorgio treibt unermüdlich das Wasserrad an. Im Hochsommer trocknet das Flussbett aus, im Spätherbst kehrt das Wasser zurück.

Nur in den 1960er Jahren stand die Mühle länger still – selbst während der deutschen Besatzung im Zweiten Weltkrieg war Marios Urgroßvater noch heimlich zu ihr geschlichen, um Mehl zu mahlen, damit das Dorf nicht hungern musste. Als Mario und sein Vater Ugo das Gemäuer übernahmen, machten sie erst ein Museum daraus, bevor auch sie wieder mit dem Mahlen begannen. Sie haben die traditionellen Methoden beibehalten, das Herzstück ihres Mahlsteinpaars ist ein La-Ferté-Stein aus dem frühen 19. Jahrhundert aus Frankreich.

Heute produziert die »Giorginaro«-Wassermühle vier Mehlsorten aus sizilianischem Urkorn: Maiorca, Russello, Timilia und Perciasacchi. Dass das Getreide auf den umliegenden Feldern überhaupt gedeiht, ist ebenfalls Marios Verdienst. Seiner Überzeugungskraft ist es zu verdanken, dass die Bauern wieder alte Getreidesorten aussäen.

Adresse Contrada Giorginaro Piano Don Michele, 98058 Novara di Sicilia | Anfahrt von der SS185 rechts auf Via Giovanni Segantini, dann Via Giuseppe Verdi, Einfahrt zur Mühle an der Kurve | Öffnungszeiten täglich 10.30–12.30 und 15.30–18.30 Uhr nach Voranmeldung unter Tel. +39/334/2767425; Eintritt frei | Tipp Zur Karnevalszeit findet wochenends das Wettrollen des »Maiorchino« statt: Bis zu 18 Kilo schwere Käselaibe werden mit Hilfe von Seilen über zwei Kilometer durch die Gassen geworfen und gerollt. Das witzige Spektakel entstand wohl im 16. Jahrhundert aus einer Wette unter Hirten, um den Reifegrad des Käses zu bestimmen.

60 Der Cafasso-Glockenturm

Palermos schönster Blick über Kuppeln und Dächer

Wer glaubt, Palermo zeige sich in seinen Märkten, Palästen und Kirchen von seiner besten Seite, hat die Hafenmetropole noch nicht von oben gesehen. Auf dem Glockenturm von San Giuseppe Cafasso wird man eines Besseren belehrt. Neben der Glocke stehend, fällt der Blick zunächst auf die fünf kolossalen roten Kuppeln von San Giovanni degli Eremiti. Umgeben von einem idyllischen Garten, ist die Kirche mit ihrem arabisch-normannischen Kreuzgang eine friedliche Oase und eines der Wahrzeichen Palermos. Fasziniert schweift der Blick weiter. Wie die Perlen einer Kette reihen sich die großen Bauwerke der verschiedenen Epochen aneinander.

Unverwechselbar sind die Profile des benachbarten Palazzo dei Normanni und der Kathedrale Maria Santissima Assunta. Letztere hebt sich mit ihren Zinnen, Apsiden, Blendarkaden und kunstvollen Einlegearbeiten anmutig vom Monte Pellegrino im Hintergrund ab. Blickt man Richtung Meer, ragen die gelbgrün gezackte Kuppel von San Giuseppe dei Teatini an der Kreuzung der Quattro Canti, die hellblau schimmernde Kuppel der Chiesa del Gesù, auch Casa Professa genannt, und die mit Putten verzierte bunte Majolica-Kuppel der »Carmine Maggiore« am Mercato di Ballarò aus dem Häusermeer. Abseits davon wetteifern die grünen Stadtoasen Villa Bonanno, Villa d'Orléans und Piazza Indipendenza um Aufmerksamkeit.

Die Kirche mit dem Glockenturm, von dem aus sich das Stadtpanorama so herrlich entfaltet, gehörte früher als San Giorgio in Kemonia zu einem Kloster. 1953 wurde sie in eine Pfarrkirche umgewandelt und Giuseppe Cafasso, dem Schutzpatron der Gefangenen, geweiht, da sich gegenüber ein Frauengefängnis befand. Der Aufstieg auf den 20 Meter hohen *campanile* ist zugegebenermaßen nichts für Menschen mit Höhenangst oder Klaustrophobie: Es geht über sehr schmale Stufen hinauf, die in eine steile Wendeltreppe übergehen, ein Helm ist Pflicht. Dafür ist das Panorama unvergleichlich.

Adresse Via dei Benedettini 16, 90134 Palermo | Anfahrt über den Corso Tukory | Öffnungszeiten Mo–Sa 10.30–19 Uhr (Sommer), 10.30–17 Uhr (Winter) | Tipp Im Norden schiebt sich ein hutzeliges Hexenhäuschen ins Panorama. Tatsächlich handelt es sich um ein Meisterwerk des Jugendstils nach Plänen des Architekten Ernesto Basile. Das »Villino Florio« war das Wohnhaus von Vincenzo Florio, dem Gründer der Targa Florio, ein Brand zerstörte 1962 die Inneneinrichtung. Der Eintritt ist frei (Viale Regina Margherita 38).

61 Die Cappella Palatina

Eine Hofkapelle, gehüllt in Gold und Kalligrafie

Der Normannenpalast wirkt von außen schlicht, birgt aber in seinem Innern einen Schatz: Die Cappella Palatina ist mit Goldmosaiken von überwältigender Strahlkraft überzogen. Ihre Symbolkraft ist sogar noch stärker.

Die Hofkapelle geht auf Roger II. zurück. Der Normannenkönig war gebildet, sprach fließend Griechisch und Arabisch und wusste schon mit jungen Jahren seine Macht zu nutzen. In einer Zeit der Glaubenskriege war Roger ein Fremder in Palermo, seine Untertanen waren Araber, Griechen, Juden, Albaner, Alexandriner, Perser. Er ahnte, dass das Völkergemisch auf Dauer nicht mit Gewalt zu beherrschen wäre. Also setzte er auf eine Politik der Gleichbehandlung. Eine neue Kapelle sollte das bekräftigen – manche sagen auch: seinen Herrschaftsanspruch legitimieren.

Künstler aus dem ganzen Mittelmeerraum schufen 1140 auf Rogers Geheiß eine Stätte, in der kufische Kalligrafien neben biblischen Heilsgeschichten, ägyptisch-fatimidische Ornamente neben byzantinischen Mosaiken stehen. Für Letztere wird Blattgold in Glasplättchen eingeschmolzen, was Jahrtausende hält, weshalb diese Kunst auch »Malerei für die Ewigkeit« genannt wird. Die Mosaike nehmen zwar weniger Raum ein als etwa im Dom von Monreale, dafür wirken sie durch ihre Kompaktheit und das Halbdunkel erhabener. Noch heute, 900 Jahre später, umhüllt der warme Goldton den Besucher wie ein kostbares Tuch. Wo kein Gold und Silber glänzt, unterstreichen Marmor und purpurroter Porphyr die Bedeutung des Ortes.

Der zweite Blickfang ist das Stalaktitengewölbe, ein Meisterwerk der Holzschnitzkunst, das das Schiff überwölbt. Handwerker aus Ägypten und dem Maghreb haben *Muqarnas* im islamischen Stil geschnitzt und mit Musikern und Tänzern, mythologischen Tieren und Ornamenten bemalt. Dazwischen: ein Porträt Rogers II. als christlicher Herrscher mit Krone und Wein, der in orientalischer Haltung mit gekreuzten Beinen am Boden sitzt.

Adresse Palazzo dei Normanni/Palazzo Reale, Piazza del Parlamento 1, 90134 Palermo | Anfahrt über Corso Calatafimi hinter der Porta Nuova, ab hier verkehrsberuhigt, oder über Corso Re Ruggero; Ticketschalter an der Piazza | Öffnungszeiten Mo–Sa 8.30–16.30 Uhr, So 8.30–12.30 Uhr | Tipp Im Norden schließt sich Danissini an, ein Dorf in der Stadt, manche sagen, eine Favela. Graffitis prangern die extreme Armut an. Pater Fra Mauro, früher Straßenmissionar in Südamerika, kämpft für Schulen und das große Feld zum Gemüseanbau. Ein Besuch ist nur mit Führung empfohlen, zum Beispiel über »Wonderful Italy«.

62 Das Flohmarkt-Museum

Eine lebenslange Liebe zu Antiquitäten und Ramsch

Luciano Ienna wuchs inmitten von Krimskrams auf, in einer Blechhütte auf dem Flohmarkt. Sein Vater Vincenzo hatte nach dem Zweiten Weltkrieg gemeinsam mit Freunden die ersten Stände notdürftig zusammengezimmert und zur Absicherung an die Kastanienbäume gelehnt. Damals wurde nichts weggeworfen, sondern alles wiederverwendet. In den wackeligen Buden fanden die Ärmsten, was sie zum Überleben benötigten: Ersatzteile für Motoren aus Kriegskarossen, Fahrradreste, Matratzenwolle, geflickte Kleidung. Die Händler klaubten ihre Ware in den frühen Morgenstunden aus dem Müll und schleppten sie auf Holzkarren zum Markt.

Erst später mischten sich auch Antiquitäten unter den Ramsch. Kostbare Keramiken und Vasen, die aus den Trümmern zerbombter Adelshäuser stammten, deren Besitzer aufs Land geflohen und nie zurückgekehrt waren. Sogar eine Madonna von Raffael soll darunter gewesen sein, versteckt unter einer Schicht scheinbar wertloser Farbe.

Luciano hat sein ganzes Leben damit verbracht, Zeugnisse einer Welt zu horten, die es so nicht mehr gibt. Heute umfasst seine Privatsammlung rund 20.000 Erinnerungsstücke, viele davon aufgekauft, viele aber auch vor dem Müll gerettet oder von Menschen gespendet, die Familienerbstücken ein zweites Leben schenken wollten. Vor wenigen Jahren hat er sich seinen Kindheitstraum erfüllt: Er eröffnete das »Museum des historischen Flohmarkts von Palermo«.

Sein Kämmerchen ist vom Boden bis zum Dach mit Gegenständen aus dem 18. Jahrhundert bis in die 1950er Jahre gefüllt. Anfassen ist erwünscht, es riecht nach abgegriffenem Leder und Kernseife, man hört das Glockenspiel alter Aufziehspielzeuge aus Blech. Draußen hängen Bilder oder Pferdegeschirr an herabhängenden Ästen. Für Luciano ist der Flohmarkt gleichbedeutend mit Palermo. Und die Palermitaner lieben seinen abblätternden Charme, der an verstaubte Orte erinnert, an denen die Zeit stehen geblieben ist.

Adresse Mercato delle Pulci, Piazza Domenico Peranni 33, 90134 Palermo | Anfahrt inmitten der Flohmarktstände zwischen Via Papireto/Via Matteo Bonello und Corso Alberto Amedeo | Öffnungszeiten täglich 9–18 Uhr, vorher anrufen unter Tel. +39/348/3238848 | Tipp In 20 Gehminuten erreicht man die Cantieri Culturali alla Zisa, einst Industriegelände, heute spannendes Kulturzentrum mit Event- und Kunstpavillons. Ein Highlight ist das Fotozentrum der 2022 verstorbenen Letizia Battaglia, der furchtlosesten Fotoreporterin Italiens, die bei den Blutbädern der Mafia mit ihrer Kamera zur Stelle war (Via Paolo Gili 4).

63__Der Hügel der Schande

Wie Aktivisten mit Graffiti Bausünden anprangern

Vor den Toren Palermos stehen Hunderte Geistervillen, illegal errichtet von der Mafia. Ihre Betongerippe kleben am Monte Gallo, halb fertig, verlassen, von Gestrüpp überwuchert, ohne Zufahrtsstraße. Die gespenstische Siedlung liegt hoch über dem belebten Strandbad Mondello. »Pizzo Sella«, »Hügel der Schande«, nennen die Einheimischen den Hang. Seine Geschichte erzählt viel über die jüngere Vergangenheit Siziliens.

Wir schreiben das Jahr 1978. Die Firma Sicilcalce, im Besitz von Andrea Notaro, dem Schwager des hochrangigen Cosa-Nostra-Bosses Michele Greco, erhält über 300 fragwürdige Genehmigungen für den Bau von Luxusvillen auf 100 Hektar Land inmitten eines Naturschutzgebiets, was der Privatisierung eines ganzen Berghangs gleichkommt.

Die Siedlung wird nie fertiggestellt. In den 1980er Jahren erstarkt die Antimafia-Bewegung. 1986 stehen im ersten Maxi-Prozess der italienischen Geschichte insgesamt 474 Mafiosi vor Gericht. Auch der Pizzo Sella gerät ins Visier, die meisten Besitzer tauchen unter. 1999 werden die Grundstücke konfisziert, 14 Neubauten abgerissen, dann stoppt das Abbruchprojekt. Gerichte hatten den wenigen verbliebenen Eigentümern Recht gegeben und die Beschlagnahmung aufgehoben. Seither leben sie in 59 der Villen, verschanzt hinter Zäunen und Schranken in einem abgesperrten und streng bewachten Areal.

Auch wenn Geldwäsche, Korruption und Spekulation bis heute ihre Spuren hinterlassen, kämpfen Initiativen unermüdlich für eine bessere Zukunft. So hat das Künstlerkollektiv »Fare Ala« das Projekt »Pizzo Sella Art Village« ins Leben gerufen. Dutzende Street-Artists aus aller Welt verewigen sich seit Jahren mit Murales und Graffiti an den Hausruinen. Als 2016 mehrere von ihnen in flagranti verhaftet wurden, wurde das Projekt nur noch bekannter. Die Aktivisten Roberto Romano und Luca Cinquemani, die Besucher herumführen, bekräftigen: »Wir holen uns den Berg zurück.«

Adresse Via del Semaforo, 90151 Palermo | Anfahrt offizielle Straße zur gesperrten Wohnanlage auf Höhe Via Grotte Partanna 24, dann rechts weiter, kurz vor der Kreuzung auf Höhe Via Grotte Partanna 4 Via del Semaforo steil hoch, erst asphaltiert, dann steinig, nach einer kleinen Brücke links die ersten Häuser, nur zu Fuß erreichbar, Übersichtskarte mit genauen Koordinaten und Kontakt für Führungen unter www.fareala.com | Tipp Im abgeriegelten Bereich befinden sich eine Ferienvilla mit Pool und das buddhistische Zentrum Muni Gyana. Für beides muss man sich anmelden, um Zutritt zu erhalten.

64 Die kämpferische Köchin

Diese Frau kocht für mehr Selbstbestimmung

»Du bist kostbar und frei« steht auf dem Einmachglas mit Auberginenpesto. »Liebe kennt keine Drohungen« auf dem Etikett der Birnen-Nuss-Marmelade. »Wer dich liebt, kritisiert dich nicht ständig« auf dem Glas mit roter Zwiebelmarmelade.

Die Sprüche haben einen ernsten Hintergrund. Alle Aufstriche, Pastasoßen und Konfitüren haben die »Cuoche combattenti« (Kämpferischen Köchinnen) zubereitet – Frauen, die unter massiver häuslicher Gewalt gelitten haben. Ihr Vorbild ist Nicoletta Cosentino, die Gründerin der Initiative. Eine Frau Anfang 50, die unverwüstlich wirkt, wie eine Verkörperung ihres Logos: eine Faust, die in Siegerpose ein Nudelholz in die Höhe reckt. Doch das war nicht immer so.

Nicoletta Cosentino führte das Leben noch viel zu vieler Frauen in Süditalien: verheiratet, Mutter, Hausfrau, der Mann aggressiv, er kontrollierte, wohin sie ging und mit wem, drohte ihr. Eines Tages steckte Nicolettas Schwester ihr eine rettende Telefonnummer zu. Es war die von »Le Onde«, einer Beratungsstelle für Opfer von häuslicher Gewalt und psychischem Missbrauch. Die Berater haben alle Hände voll zu tun: Jede dritte Frau in Italien hat offiziellen Angaben zufolge Gewalt erlebt, die meisten davon zu Hause. »Endlich begriff ich, dass das Verhalten meines Mannes nicht normal war. Es war Missbrauch, getarnt als Liebe.« Mit Unterstützung der Anti-Gewalt-Organisation gelang Nicoletta die Trennung.

Das Zentrum vermittelte ihr auch ein Praktikum in einer Lebensmittelmanufaktur. Zum ersten Mal stand sie wirtschaftlich auf eigenen Beinen. Sie schaffte den Absprung, gründete 2017 ihr eigenes Sozialunternehmen – und unterstützt seither Frauen, die das gleiche Schicksal teilen. Momentan sind es acht, die mit Schöpfkellen und Löffeln bewaffnet gemeinsam mit Nicoletta einen Neuanfang wagen. Die Aufforderung »Ab in die Küche!« bekommt für diese mutigen Frauen eine neue, kraftvolle Wendung.

Adresse Via Cluverio 32, 90141 Palermo | Anfahrt über die SS 113 und die Via Cavour | Öffnungszeiten Mo–Fr 9–13 Uhr | Tipp Im nahen Teatro Massimo, Europas drittgrößtem Opernhaus, spukt es. Seit für seinen Bau 1875 ein Kloster abgerissen wurde, geistert die verstorbene Oberin durchs Haus und spielt Streiche. Jeder, der nicht an »Lu spiddu« glaubt, wird über die letzte Stufe der Haupttreppe stolpern: die verfluchte »Nonnenstufe«.

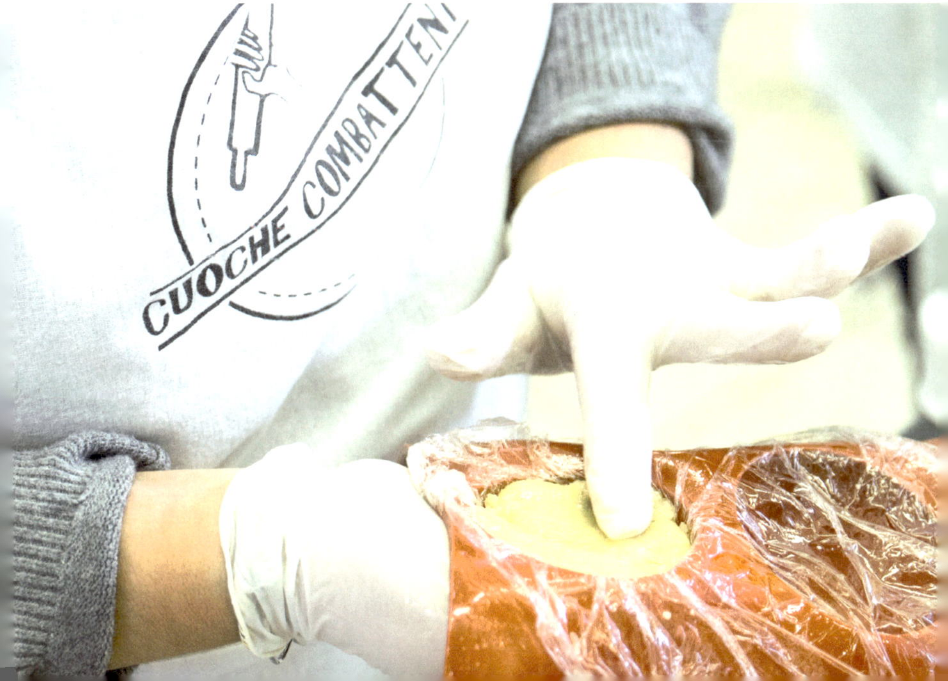

65 Die Kapelle Santa Rosalia

Goethes Ergriffenheit vor einer Schönheit im Sarg

»Italien ohne Sicilien macht gar kein Bild in der Seele: hier ist erst der Schlüssel zu allem«, schrieb Johann Wolfgang Goethe zu Beginn seines vierwöchigen Aufenthalts auf Sizilien während seiner »Italienischen Reise«, die heute als Standardwerk der Italiensehnsucht gilt. Ein Ort hatte es dem Reisenden besonders angetan: der Monte Pellegrino, Palermos Hausberg.

Der Pilgerberg mit seinen duftenden Pinienwäldern thront als imposantes Wahrzeichen über der Stadt. Eine breite Straße führt auf den Gipfel, vorbei am Santuario di Santa Rosalia, einer in eine Höhle gehauenen Kapelle. »Ein schönes Frauenzimmer erblickt' ich bei dem Schein einiger stillen Lampen«, schrieb Goethe ergriffen angesichts der Rosalia-Statue aus Carrara-Marmor, die dort noch heute in einem gläsernen Silberschrein aufgebahrt ist. »Sie lag wie in einer Art von Entzückung, die Augen halb geschlossen, den Kopf nachlässig auf die rechte Hand gelegt [...]. Ich konnte das Bild nicht genug betrachten.«

So wie die Frau im Sarg stellen sich die meisten Palermitaner ihre Schutzpatronin, die heilige Rosalia oder »La Santuzza«, vor. Als junge Schönheit mit einem Kranz weißer Rosen auf dem Kopf, in den Händen ein Kreuz und einen Totenkopf. Dahinter steht eine Legende, derzufolge im Jahr 1624/25 die Pest Tausende Menschen in Palermo dahinraffte. Erst die auf dem Monte Pellegrino gefundenen sterblichen Überreste von Rosalia, der Nichte eines Königs, die dem Hof den Rücken gekehrt und ihr Leben in den Dienst Gottes gestellt hatte, ließen die Kranken genesen.

Den Eingang zur Felshöhle behütet ein Wallfahrtszentrum mit gelber Barockfassade. Die Höhle selbst empfängt den Besucher in einem düsteren, fast mystischen Ambiente. Da Wasser durch den Felsen sickert, wurden lediglich Bleirinnen eingebaut, die wie ein bizarres Geflecht das tröpfelnde Nass ableiten und in einem Becken sammeln, aus dem es die Gläubigen als Heilmittel schöpfen.

Adresse Via Bonanno Pietro, 90142 Palermo | **Anfahrt** Pilgerweg »Acchianata« ausgeschildert (7,8 Kilometer, 11.000 Stufen), mit dem Auto oder dem Bus serpentinenartige Strecke über die Via Bonanno Pietro bis zum Gipfel | **Öffnungszeiten** Mo–Sa 9–18 Uhr, So 8–19 Uhr | **Tipp** Folgt man von der Kapelle nicht dem Weg zum schönen Belvedere, sondern hält sich links auf der Via Monte Ercta, geht gleich links ein Pfad zum Laghetto Gorgo di Santa Rosalia ab, einem künstlichen Teich mit Eukalyptusbäumen und seltenen Smaragdkröten.

66 Der Konvent Santa Caterina

Kirche, Kloster und Konditorei im Dreiklang

Kein Weihrauch hängt in der Luft, stattdessen duftet es nach Gebäck. Wo noch vor zehn Jahren Töchter aus gutem Hause im Geiste des Dominikanerordens Andacht hielten, backen heute Freiwillige im Convento di Santa Caterina köstliche *dolci*. Da gibt es die »Nonnenseufzer« aus Mandelteig *(Sospiri di monaca)*, weiße »Jungfrauenbrüste« mit kandierter Kirsche *(Minne di Vergine)* und täuschend echt gefärbte Marzipanfrüchte *(Frutta Martorana)*. Berühmt ist die Klosterkonditorei für ihre *Cannoli*. Die knusprig frittierten Teigröllchen werden mit Schafsmilch-Ricotta frisch vor Ort befüllt und mit gehackter Schokolade, Pistazien und bisweilen Kandisfrüchten bestreut.

Die sizilianische Backkunst lässt Einflüsse der Griechen, Spanier und Araber erkennen und wurde im Mittelalter in den Klöstern perfektioniert. Der Verkauf von Gebäck war eine wichtige Einnahmequelle. Jede Klosterbäckerei hütete ihre Rezepte, die die Älteren nur mündlich an die Jüngeren weitergaben. Heute versucht die Kooperative von Santa Caterina, die Rezepte der einst 21 Klöster Palermos zu bewahren. Ohne Unterstützung durch moderne Technologien backt der Holzofen und schnippelt die alte Schälmaschine wie eh und je. Alle Erlöse fließen in die Restaurierung sowie in die »Mensa di Solidarietà«, wo Menschen in Not eine warme Mahlzeit erhalten.

Seit 2017 ist der Komplex ein Museum. Zu ihm gehört eine helle, reich verzierte Kirche – zweifellos eine der schönsten der Stadt. Umso spartanischer wirken die Nonnengemächer mit kaum mehr als Eisenbett, Schrank und Sitzbank, die man bei einem Rundgang besichtigen kann, der einen auch unters Dach führt, wo die Nonnen einen verstohlenen Blick aufs Stadtleben werfen konnten. Im charmant bröckelnden Innenhof plätschert ein Brunnen zwischen Granatapfelbäumen und Bananenstauden. Hier kann man die *dolci* verzehren und die Symbiose aus Kirche, Kloster und Konditorei auf sich wirken lassen.

Adresse Piazza Bellini 1 (Haupteingang), Piazza Pretoria (Seiteneingang), 90133 Palermo | Anfahrt wenige Schritte von den Quattro Canti, Haupteingang hinter dem Rathaus, zum Verkaufsraum den Schildern mit der Aufschrift »I segreti del chiostro« folgen | Öffnungszeiten täglich 10–18 Uhr | Tipp Ein anderer Ort, an dem man alles außer Kulinarik erwartet, ist die Galleria della Vittoria. In den Überresten dieser zu Faschismuszeiten hochgejubelten Kopie Mailänder Einkaufszentren mixt die Cocktailbar »Mak Mixology« Drinks zu Jazzklängen (Via Bari 50).

67_Die Kreuzung Quattro Canti

Britischer Doppelagent im Dienste des Frühbarock

Es war ein Engländer, der Siziliens Barock zu Ruhm verhalf. Das ist doppelt bemerkenswert, denn der Kunsthistoriker war ein Doppelagent. Anthony Blunt, Cousin zweiten Grades von Queen Elizabeth II., schloss sich früh dem Kampf der Arbeiterklasse an. In Cambridge wurde er 1934 von der Sowjetunion rekrutiert. Er beschaffte Hunderte Filmrollen und Kopien geheimer Dokumente. Als der Zweite Weltkrieg ausbrach, trat Blunt zusätzlich in den britischen Geheimdienst MI5 ein. Er galt zunächst als Sicherheitsrisiko, bis er 1940 eine Ästhetik-Studie veröffentlichte, in der er scheinbar mit dem Marxismus brach.

Nach dem Krieg machte Blunt Karriere und wurde Kurator im Buckingham Palace. Intime Details gab er nie preis. Vielleicht war das der Grund, warum die Queen ihn deckte, als sie ihn 1963 durchschaute, wie Fans der Serie »The Crown« wissen. In Ungnade fiel er erst 1979, als Margaret Thatcher ihn enttarnte.

Als Kunstexperte war Blunt dem sizilianischen Barock verfallen. In seinem Buch »Sicilian Baroque« unterschied er drei Phasen: den Frühbarock, den Wiederaufbau vieler Städte nach dem Erdbeben von 1693 und die Blüte im 18. Jahrhundert.

Gemeinhin bringt man den Barock mit dem Val di Noto im Südosten in Verbindung. Das laut Blunt herausragendste Werk frühbarocker Architektur aber liegt in Palermo: die »Quattro Canti«, eine von vier Palästen eingerahmte Piazza. Auf den ersten Blick wirken die Fassaden recht gleichförmig. Sie haben konkave Formen, Säulen und Brunnen. Doch die Spannung liegt in der differenzierten Symbolsprache. In den Mittelnischen zeigen Statuen die vier spanischen Vizekönige, die zur Bauzeit herrschten, sowie die Schutzheiligen der Viertel. Die Brunnen symbolisieren die vier Jahreszeiten. Ausdrucksstark nennen die Palermitaner ihre Piazza »Teatro del Sole«, Sonnentheater. Denn im Tagesverlauf wird stets eine Fassade von der Sonne angestrahlt.

Adresse Piazza Vigliena, 90133 Palermo | Anfahrt über die SS 113 durch die Porta Felice, auf dem Corso Vittorio Emanuele bis zum verkehrsberuhigten Bereich, dort parken | Tipp Folgt man dem Corso Vittorio Emanuele zum Jachthafen La Cala, stößt man am Pier auf »Pani Ca' Meusa Porta Carbone«, seit 1943 Palermos erste Adresse für Milz-Panini. »Pani Ca' Meusa« sind weiche Sesambrötchen, gefüllt mit in Schmalz ausgebratenen Milz-, Lungen- und Kalbsfettstücken sowie geriebenem Caciocavallo-Käse. Fans aus aller Welt schicken Postkarten.

68_Der Palast Lanza Tomasi

Kochen, wo der »Gattopardo« geschrieben wurde

Im 19. Jahrhundert steht Italiens Adel vor seinem Niedergang – am Horizont zeichnet sich ein demokratisches, geeintes Italien ab. Don Fabrizio, respektabler Fürst und Protagonist des Epochenromans »Il Gattopardo« (»Der Gattopardo«), fragt seinen Neffen, warum der an der Seite Garibaldis in den Kampf ziehe. »Wenn alles bleiben soll, wie es ist, dann muss sich alles ändern«, lautet Tancredis Antwort, die jeder Sizilianer kennt.

Giuseppe Tomasi di Lampedusa schrieb den Schlüsselroman der sizilianischen Seele im Familienpalast in Palermo. Hier verbrachte er seine letzten Lebensjahre. Später ging der Palazzo an seinen Adoptivsohn über, den Musikwissenschaftler Gioacchino Lanza Tomasi. Er, der mutmaßlich als Vorbild für die Figur des Tancredi diente, überführte den Adelssitz in die Moderne: Einzelne Räume werden an Gäste vermietet, und seine Frau Nicoletta Polo Lanza Tomasi, die Herzogin von Palma di Montechiaro, gibt Kochkurse. Gioacchino verstarb 2023, seither führt seine Familie sein Erbe weiter.

»Bei meinen Kursen geht es nicht ums Kochen, sonst würde man einen Chefkoch buchen«, lacht Nicoletta auf ihre herzliche Art. »Es geht um Siziliens Geschichte.« Ihre Erzählungen untermalen das Einkaufen auf dem Mercato del Capo, weihen zwischen Thun- und Schwertfisch, Salzkapern und Sesambrot in die Essgewohnheiten der Palermitaner ein. Zurück in der Fliesenküche mit Knoblauchgirlanden und Kupferkesseln legt die Herzogin Wert auf die sizilianische *cucina povera*, die mit Zitrusfrüchten, Safran, Schokolade, Zimt, Korinthen und Pinienkernen von den wechselnden Eroberern der Insel zeugt.

Nach dem Essen führt Nicoletta durch den Palazzo. Großzügige, lichtdurchflutete Räume reihen sich aneinander. Alte Gemälde, kostbare Möbel und die Bibliothek lassen die Vergangenheit aufleben; spätestens, wenn man im Ballsaal ehrfurchtsvoll vor Lampedusas handgeschriebenem Gattopardo-Manuskript steht.

Adresse Via Butera 28, 90133 Palermo, www.butera28.it | Anfahrt über die SS 113 am Meer entlang, hinter der Porta Felice | Öffnungszeiten nach Vereinbarung 8.30–15.30 Uhr, Infos und Anmeldung auf der Website | Tipp Im sehenswerten Park »Villa Giulia« in der Via Lincoln mit hübschen Exedren trägt die Marmorstatue »Fontana del Genio« von 1778 eine schöne Darstellung der sizilianischen Triskele. Um einen Frauenkopf, eingerahmt von Schlangen und Flügeln, laufen drei angewinkelte Beine. Das uralte Symbol des Sonnenrads heißt hier Trinacria und ziert auch die Regionalflagge.

69 Das Steri-Gefängnis

Als eine Hexe Poesie im Inquisitionskerker schrieb

»Mir ist heiß und kalt, das Fieber hat mich im Griff, meine Eingeweide zittern, Herz und Seele verkümmern«. Diese herzzerreißenden Verse prangen (auf Sizilianisch) an einer Wand des Palazzo Chiaramonte. Die Frau, die sie notdürftig mit Ocker und Stöcken schrieb, wurde der Hexerei verdächtigt. Sie saß mit anderen Gefangenen der Inquisition im Kerker: rebellischen Mönchen, Revolutionären, Dichtern, Libertären, Dissidenten oder Fälschern und Schuldnern, die in ihren Zellen ein Zeichen ihres Leids hinterließen, bevor sie auf den Scheiterhaufen geführt wurden, Peitschenhiebe erhielten oder man ihnen die Zunge herausschnitt.

Der Palazzo, im Volksmund »Lo Steri«, war Sitz der Spanischen Inquisition auf Sizilien. Er diente als Gefängnis, Verhörraum und Tribunal. Nach der Abschaffung der Inquisition 1782 wurde ein Großteil der Akten aus drei Jahrhunderten Folter und Willkür verbrannt, und die Schicksale hinter den Mauern gerieten in Vergessenheit. Erst 1906 entdeckte ein Arbeiter rostfarbene Flecken unter dem Putz, woraufhin ein Volkskundler die ersten Wandmalereien freilegte.

Später entschlüsselte eine Historikerin die Schicksale von rund 600 Inhaftierten, indem sie in Madrid Abschriften der Prozesse aufspürte. Offiziell wurden alle Gefangenen der Ketzerei beschuldigt. Die Zeichnungen zeigen allerdings auffallend häufig religiöse Motive: den Drachentöter Georg, Jesus am Kreuz, Gebete, Gelübde.

Zelle Nummer zwei ist besonders bemerkenswert, wegen der Dichte und Qualität der Inschriften auf Englisch, Sizilianisch und Latein. An der rechten Wand reißt ein furchterregender Leviathan sein monströses Maul auf, um die großen Gestalten der Heiligen Schrift zu verschlingen. In seinem Bauch steckt eine Doppeltür, unter der steht: »Gebt alle Hoffnung auf, ihr, die ihr eintretet«, eine Paraphrase auf Dantes »Inferno«. Die Gefangenen müssen sich wahrhaft im Höllenschlund gewähnt haben.

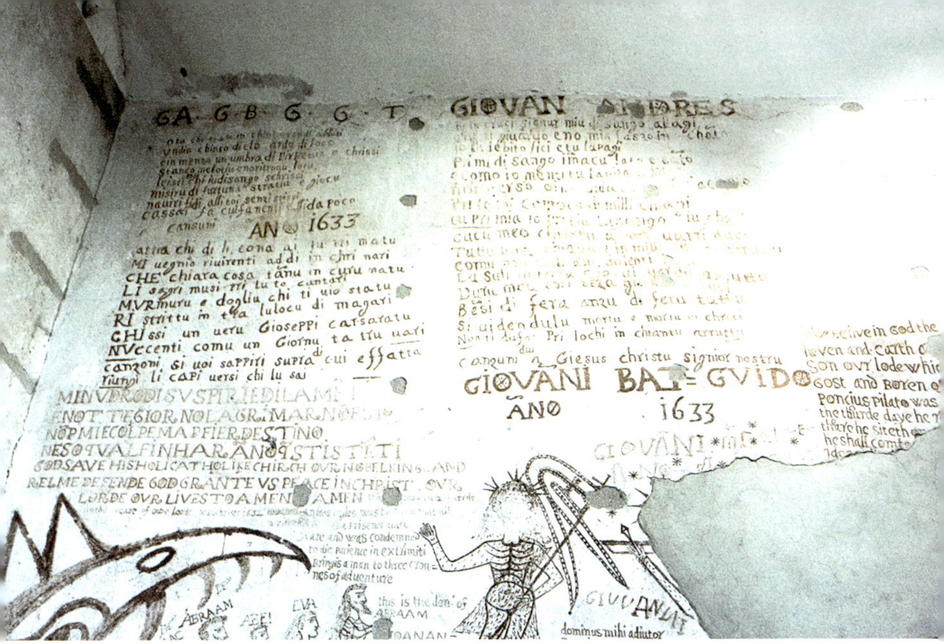

Adresse Piazza Marina 59, 90133 Palermo | Anfahrt über die SS 113 durch die Porta Felice, dann links | Öffnungszeiten täglich 9 – 20 Uhr (Sommer), täglich 9 – 18 Uhr (Winter) nur mit Führung unter Tel. +39/091/23893780 oder per E-Mail an biglietteria.steri@coopculture.it | Tipp Im spätgotischen Palazzo Chiaramonte sollte man auch der Sala Magna im ersten Stock einen Besuch abstatten. Ihre hohe Holzdecke trägt aufwendige Malereien und Intarsien, die Darstellungen reichen von Ritterturnieren bis zu Minnegesängen und vermitteln einen Eindruck der mittelalterlichen Inselgesellschaft.

70_Der Triumph des Todes

Pablo Picassos Inspiration für »Guernica«?

Pablo Picassos »Guernica« ist ein eindringlicher Aufschrei gegen den Krieg. In dem Monumentalgemälde verarbeitete Picasso sein Entsetzen über die Bombardierung der Stadt Guernica am 26. April 1937 durch die deutsche und die italienische Luftwaffe, die auf Seiten Francos im Spanischen Bürgerkrieg kämpften. Alptraumhafte Gestalten und zerstückelte Leichen füllen das Bild. Die Figuren türmen sich in der Mitte zu einem Dreieck auf, das im Kopf eines sich aufbäumenden Pferdes gipfelt. Das Tier wird von einem Pfeil zerfetzt und wiehert vor Schmerz. Maul und Zähne bilden einen Totenkopf.

Die Vorzeichnungen zum »Pferdekopf« begann Picasso im Mai 1937. Es sind vor allem diese Skizzen, die Experten vermuten lassen: Picassos Inspiration war höchstwahrscheinlich ein mittelalterliches Fresko aus Palermo. Es handelt sich um »Il Trionfo della morte« (»Der Triumph des Todes«), ein emblematisches Werk, das auch in Wim Wenders Film »Palermo Shooting« eine zentrale Rolle spielt.

Ein unbekannter Maler schuf das Fresko zwischen 1440 und 1450 für den Innenhof des Palazzo Sclafani, des ersten öffentlichen Krankenhauses der Stadt, als Reaktion auf die Pest. Nach Bombenschäden im Jahr 1944 befindet es sich seit den 1950er Jahren in der Galleria Regionale, dem größten Kunstmuseum Siziliens, im Palazzo Abatellis. In einem eigenen Raum nimmt es eine ganze Wand ein.

Der Tod reitet auf einem skelettierten Pferd in einen Garten und rafft wahllos Menschen dahin. Seine Pfeile treffen alle, Päpste, Kaiser, Königinnen, Diener. Das Pferd wiehert mit aufgerissenem Maul, gefletschten Zähnen und keifender Zunge. Bemerkenswert: In beiden Werken ist das Pferd zentraler Träger eines universellen Schmerzensschreis. Der palermitanische Künstler Renato Guttuso, ein enger Freund Picassos, bestätigte 1986 in einem Essay: »Eines Tages sprach ich mit Picasso. Er kannte das Fresko, nicht direkt, aber von Abbildungen.«

Adresse Palazzo Abatellis, Via Alloro 4, 90133 Palermo | Anfahrt über die SS 113 am Meer entlang, links einbiegen, oder schon vorher über die Piazza della Kalsa | Öffnungszeiten Di–Fr 9–18 Uhr, Sa, Sa 9–13 Uhr | Tipp Die »Antica Focacceria San Francesco« in der Via Alessandro Paternostro 58 ist gelebte Tradition. Seit 1834 gehen hier typische »Arme-Leute-Gerichte« in Slow-Food-Qualität über den bildschönen Jugendstiltresen: *Arancini* (frittierte Reisbällchen), *Caponata di melanzane* (süßsauer gekochte Aubergine), *Pasta con le sarde* (Bucatini mit Sardinen), *Sarde a beccafico* (gefüllte Sardinen).

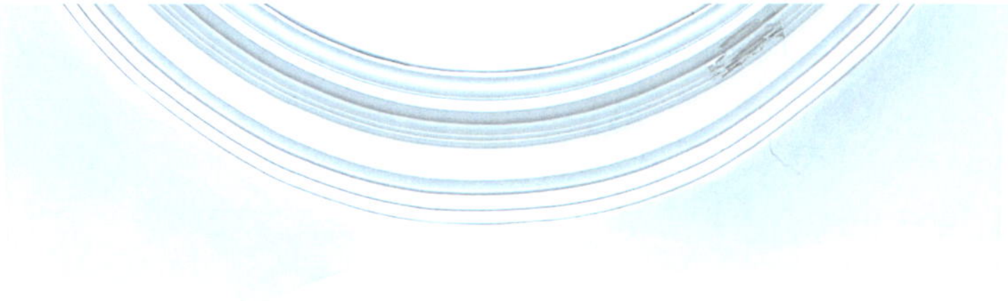

71 Die Via Francigena

Pilgern auf den Trampelpfaden des Hinterlands

Santiago de Compostela hat die Jakobsmuschel, die Via Francigena den Petrusschlüssel. Noch tragen nicht viele Pilger den gekreuzten Himmelsschlüssel am Revers, aber es werden mehr. Die Via Francigena, die lange als Geheimtipp galt, wird wiederentdeckt. Das kommt nicht von ungefähr: Die Route zählt zu Europas längsten Pilgerwegen. Von Canterbury in England führt sie durch Frankreich und die Schweiz über die Alpen bis nach Italien. Dabei folgt sie im Wesentlichen dem Erzbischof von Canterbury, der 990 nach Rom pilgerte. Am Paulusgrab hat der Weg sein Ziel erreicht – ist aber noch lange nicht zu Ende. Auf Sizilien haben Freiwillige eine Route rekonstruiert, die streng genommen keine Frankenstraße ist, aber im weiteren Sinne zum Wegenetz gehört.

Siziliens sogenannte »Via Magna Francigena« führt von Meer zu Meer, von Palermo nach Agrigent. Die 189 Kilometer lange Strecke ist in neun Etappen unterteilt. Außerhalb der Städte folgt sie einsamen Trampelpfaden und Feldwegen, *trazzere*, durch die Monti Sicani. Sanfte Hügel und steile Pässe, karge Täler und schattige Wälder wechseln sich ab. An Gehöften trifft man mit etwas Glück Schäfer, die ihren frischen Ricotta mit einem teilen.

Anders als heute die Hirten waren es früher die Heere und Händler der Griechen, Römer und Araber, die sich den Weg mit den Pilgern teilten, die wiederum Compostela, Rom oder Jerusalem zum Ziel hatten. Alle hinterließen auf der Durchreise ihre Spuren. Jede Etappe führt an bedeutenden Kirchen, Klöstern und Ausgrabungsstätten vorbei.

Den größten Eindruck hinterlassen die kleinsten Dörfer, genannt seien zum Beispiel die Häuseransammlung Comitini und das auf einem Felsmonolith gelegene Sutera. Unterwegs weisen gastfreundliche Menschen die Richtung, und ein Pilgernetz aus Kirchengemeinden, Vereinen und Privatleuten bieten Zimmer für die Nacht. So ist die Via Magna Francigena ein langer Weg durch die Geschichte und ein kurzer zu den Menschen.

Adresse Start. Chiesa di Santa Cristina la Vetere, Cortile dei Pellegrini 6, 90134 Palermo, www.viefrancigenedisicilia.it | **Anfahrt** Unterkunftsliste und GPS-Daten siehe Website, Herzstück der Wanderung: Strecke zwischen Corleone und Milena | **Tipp** Den Umweg zur Einsiedelei Santa Rosalia nimmt man gern in Kauf. Unweit von Santo Stefano Quisquina liegt der Klosterkomplex seit 1690 mitten im Wald. Geduckt zwängt man sich in die zugewucherte Höhle, in der die junge Rosalia hauste, bevor sie nach Palermo ging, wo man sie zur Stadtheiligen erkor.

72__Die Zwergelefanten

Was Elefanten mit dem Zyklopen-Mythos zu tun haben

Der einäugige Zyklop ist eines der bekanntesten Wesen der griechischen Mythologie. Worauf geht die Legende zurück? Für Paläontologen ist die Sache klar: Ein Elefantenschädel hat in der Mitte ein großes Loch für den Rüssel, das für Menschen wie eine große Augenhöhle aussieht.

Das ergibt durchaus Sinn. Vor Hunderttausenden Jahren stapften Elefanten über die Inseln des Mittelmeers. Als die letzte Eiszeit von mehreren Wärmephasen unterbrochen wurde, führte dies zu starken Schwankungen des Meeresspiegels. Eine gigantische Gletscherschmelze überflutete die heutige Straße von Messina und schnitt Sizilien vom Festland ab. Die Tierwelt musste sich den insularen Bedingungen anpassen, Nahrungsangebot und Genpool waren eingeschränkt. Bei den Elefanten hatte dies zur Folge, dass die Dickhäuter kleiner wurden – sie verzwergten.

Auf Sizilien soll es zu verschiedenen Zeiten zwei Arten von Miniatur-Elefanten gegeben haben. Der eine war wirklich winzig: Mit einer Schulterhöhe von nur einem Meter maß der Insel-Zwergelefant kaum mehr als ein Shetlandpony. Neuere Forschungen zeigen, dass der Winzling von einem riesigen Rüsseltier abstammt, nämlich dem im Schnitt fünf Meter großen Europäischen Waldelefanten. In einer erstaunlich kurzen Zeit von vielleicht nur 40 Generationen schrumpfte der Gigant zum Zwerg. Das ist ungefähr so, als würde ein erwachsener Mensch in der gleichen Zeit auf die Größe eines Rhesusaffen schrumpfen.

Um 1870 entdeckte der Geologe Gaetano Gemmellaro bei Carini die Überreste eines Elefantenschädels. Er liegt im nach Gemmellaro benannten, leicht in die Jahre gekommenen Museum, das einige der besterhaltenen Fossilien sizilianischer Zwergelefanten ausstellt. Bei ihrem Anblick wird klar: Selbst der Schädel eines kleinen Elefanten mit einem »Auge« war deutlich größer als der eines Menschen – und die Vorstellung eines einäugigen Riesen nur allzu menschlich.

Adresse Corso Tukory 131, 90133 Palermo | Anfahrt über den Corso Re Ruggero oder die Via Ernesto Basile | Öffnungszeiten Mo–Fr 9–13 und 15–17 Uhr, Sa 9–13 Uhr | Tipp Der Mercato di Ballarò ist Palermos ältester Markt und betört Streetfood-Fans mit den besten *Arancine* der Stadt. Futter für den Kopf finden Bücherfreunde in der Biblioteca Comunale an der Piazzetta Lucrezia Brunaccini: Bei der Führung durch die stattlichen Räume von 1760, umgeben von abgegriffenen Lederbänden, mittelalterlichen Handschriften und seltenen Drucken, atmet man den Duft von Papier und Geschichte.

73__Der Teufelsbrief

Eine Einflüsterung des Bösen mit süßer Sünde

Am 11. August 1676 liegt im Kloster Santa Maria del Rosario eine Nonne auf dem Boden ihrer Zelle. Sie ist erschöpft, ihr Gesicht mit Tinte verschmiert. In den Händen hält die Ordensfrau ein rätselhaftes Papier mit unverständlichem Inhalt. Es ist der sogenannte Teufelsbrief, dessen Botschaft Generationen von Gelehrten zu entziffern versuchten.

Der Legende nach soll Schwester Maria Crocifissa della Concezione, so der Klostername der Adeligen Isabella Tomasi, mit dem Teufel gerungen haben. Der Dämon zwang sie, einen Brief mit griechischen, lateinischen, kyrillischen, runischen und jesidischen Schriftzeichen zu verfassen. Niemand konnte die wirre Botschaft entziffern. Nur ein Wort war lesbar: »ohimé«, »anonym«, mit dem die Nonne unterschrieben hatte. Für die Kirche reichte das als Beweis, dass Maria sich gegen das Böse aufgelehnt hatte. Man sprach sie selig.

Erst im September 2017 gelang es Forschern, die ersten Zeilen mit Hilfe einer Software zu entziffern. Sie erfuhren, dass der Teufel Schwester Maria vom Glauben abbringen wollte, denn Religion sei nichts weiter als »eine Erfindung des Menschen«. Anders als Kirchenvertreter sind Historiker und Psychologen seitdem überzeugt, dass es sich bei dem Brief um das Geständnis einer Nonne handelt, die mit ihrem Glauben haderte.

Er wird im Benediktinerkloster von Palma di Montechiaro aufbewahrt. Leider ist das Original nur selten zu besichtigen; eine Kopie liegt im Archiv der Kathedrale von Agrigent. Dafür verkaufen die Nonnen teuflisch leckere *dolci*. Ihre *Biscotti ricci* gelten als Spezialität der Region – und sind eine willkommene Stärkung nach einem Rundgang durch Innenhof und Barockkirche. Da die Nonnen in Klausur leben, verkaufen sie ihr Gebäck über ein hölzernes Drehregal (früher eine Babyklappe) im Atrium. Der Kunde klopft, bestellt und legt sein Geld hinein, die Schwestern das Gebäck, dann dreht sich die *ruota*. Ohne Worte.

Adresse Piazza Provenzani 18, 92020 Palma di Montechiaro | Anfahrt über die SS 115 | Öffnungszeiten Mo – Fr 9.30 – 11.30 und 15.30 – 17.30 Uhr | Tipp Der »Palazzo Ducale del Gattopardo« in der Via Carlo Marx 7 diente als Blaupause für den Adelspalast in Giuseppe Tomasi di Lampedusas Roman »Der Gattopardo«. Von außen vergleichsweise schlicht, beeindruckt er innen mit dekorativen Kassettendecken, Orden und Familienwappen.

74 Der Giardino Pantesco

Ein Mauerngarten verwandelt Nebel in Orangen

Trockene Wüstenwinde fegen das ganze Jahr über Pantelleria, eine Vulkaninsel vor der Küste Tunesiens. Regen fällt nur selten. Allenfalls als Nebelschleier legt sich die überlebenswichtige Feuchtigkeit über den felsigen Boden. Wie kann man einem derart kargen Ort Nahrung abringen? Indem man den Nebel einfängt und den Wind abhält.

Die Inselbewohner haben eine raffinierte Anbaumethode entwickelt: den »Giardino Pantesco«. Dabei handelt es sich um einen mit Lavasteinen ummauerten Garten, in dessen Mitte ein einzelner Zitrusbaum wächst. Die Trockenmauer ist hoch genug, um die heißen Scirocco-Winde abzuhalten, aber niedrig genug, um Sonnenlicht einzulassen. Der überwiegend runde Grundriss, ein Durchmesser von bis zu zwölf Metern, die maximale Höhe von vier Metern und nicht zuletzt das Vulkangestein garantieren ein optimales Mikroklima.

Am oberen Randbereich neigt sich die Mauer nach innen. So verbleibt das Kondenswasser, das sich als Folge der Temperaturschwankungen zwischen der Hitze des Tages und der Kühle der Nacht bildet, im Mauerwerk. Die Feuchtigkeit fließt ab und bewässert den Boden. Gleichzeitig halten die porösen Lavasteine die Pflanze warm, indem sie nachts die tagsüber gespeicherte Wärme gleichmäßig abgeben.

Die bemerkenswerte Konstruktion gibt es so nur auf Pantelleria. Niemand weiß, wie weit ihre Erfindung zurückreicht, viele schreiben sie den Phöniziern zu. Nur einige wenige *giardini* stehen noch. Der besterhaltene befindet sich auf dem Terrain von Donnafugata, einem der renommiertesten Weingüter Siziliens. Inmitten von sandig-vulkanischen Weinterrassen hat die Kellerei das schwarze Mauerwerk, dessen Ursprünge auf das Jahr 3000 vor Christus zurückgehen sollen, restauriert und der Umweltstiftung Fondo Ambiente Italiano (FAI) gespendet. In diesem Garten gedeiht ein jahrhundertealter Orangenbaum der Sorte »Portugal«, der noch immer süße, leuchtend orange Früchte trägt.

Adresse Contrada Khamma Fuori 6, 91017 Pantelleria | Anfahrt ab Trapani täglich Fähren von Siremar, im Sommer auch Tragflügelboote (Aliscafi) der Liberty Lines, Fahrpläne und Tarife auf den Websites; alternativ auch Flugverbindungen | Öffnungszeiten Außenbereich frei zugänglich, Führungen durch das Weingut und Verkostungen nach Vereinbarung unter Tel. +39/0923/915649 | Tipp Die »Strada della Vite ad Alberello« folgt auf 33 Kilometern den Spuren der Zibibbo-Traube. Die uralte Rebsorte wird nach der phönizischen Alberello-Methode kultiviert. Die Reben etwa für den Süßwein Passito gedeihen in 20 Zentimeter tiefen Mulden, die sie vor Wind schützen und die Feuchtigkeit fördern (www.parconazionalepantelleria.it).

75 Der Borgo Parrini

Ein Dorf wie aus Gaudís buntesten Träumen

Die spanische Metropole Barcelona hat auf Sizilien eine kleine Schwester. Sie heißt Borgo Parrini und ist ein beschauliches Dorf mit umso auffälligeren Fassaden, die an Antonio Gaudí erinnern. Der spanische Architekt drückte Barcelona seinen verspielten Stempel auf. Im Stil des Modernisme, der katalanischen Variante des Jugendstils, überzog er Gebäude, Kirchen und Parks mit bunten Kacheln und Mosaiken aus Bruchkeramik.

Nun ist Borgo Parrini auf Sizilien nicht gerade das, was man eine Weltmetropole nennt. Im Gegenteil: Bis vor wenigen Jahren lebten im Ort kaum mehr als 20 Menschen. Seine Geschichte beginnt um 1500 mit einem Jesuitenkloster, daher der Name Parrini, was so viel wie »Priester« bedeutet. 1767 ging der Weiler in den Besitz des französischen Prinzen Henri d'Orléans über, der auf dem fruchtbaren Boden Zibibbo-Trauben für den Dessertwein Moscatello dello Zucco anbaute. Nach dem Zweiten Weltkrieg erlebte das Dorf eine Phase des Niedergangs, die meisten Einwohner zogen weg. Wer in die gepflasterten Gassen eintaucht, dort, wo die Farbe noch fehlt, bekommt eine Ahnung davon, wie heruntergekommen und verlassen der Ort vor nicht allzu langer Zeit war.

Seine Wiedergeburt verdankt Borgo Parrini dem Engagement einiger weniger Dorfbewohner. Eine Gruppe um Giuseppe Gaglio begann, die sichtlich verwahrlosten Häuser zu verschönern. Sie strichen die Fassaden sonnengelb und himmelblau, verzierten Treppen, Böden und Wände mit bunten Mosaiken und stellten Blumenkübel auf, mit Gaudí als Vorbild.

Ein Wandbild von Frida Kahlo mit dem Titel »Frida alla Luna« überragt seither den Hauptplatz, Aphorismen von Nelson Mandela und Gandhi ziehen sich in verschnörkelter Schrift über die Fassaden. Herzstück ist das Literaturcafé, das Gaglio im ehemaligen Jesuitenkloster eingerichtet hat. Heute ist Borgo Parrini, dieses Barcelona im Kleinformat, einer der Instagram-tauglichsten Orte Siziliens.

Adresse Parkplatz am Ortseingang: Via Montegrappa 3, 90047 Partinico | Anfahrt SS 624 bis Ausfahrt Partinico, ab hier handgeschriebene Beschilderung an der SP 20, Borgo Parrini 3,5 Kilometer vom Zentrum von Partinico entfernt | Tipp In der Nachbargemeinde Partinico entführen Maria Pia und Laura Canino in die Märchenwelt der »Pupi Siciliani«, im Gedenken an ihren Vater, einen Puppenspieler. In den Gemäuern der Real Cantina Borbonica aus dem 18. Jahrhundert, einem Hofkeller von Ferdinand I. in der Via Principe Umberto, fanden sie die passende Kulisse für ihr Marionettenmuseum.

76 Die Pyramiden des Ätna

Ein womöglich 3.500 Jahre altes Rätsel

Sie sind eines der letzten großen Rätsel Siziliens: Mehr als 40 Pyramiden stehen an den Hängen des Ätna, doch niemand weiß, woher sie stammen. Wer hat sie gebaut und zu welchem Zweck? Für die meisten Einheimischen sind die Klötze nichts anderes als alte Bauernlager. Manche Archäologen sehen das anders.

Antoine Gigal, eine französische Ägyptologin aus Kairo, hat als Erste die Pyramiden am Ätna katalogisiert und viele Gemeinsamkeiten festgestellt. Alle haben einen stufenförmigen oder konischen Aufbau auf einem runden oder quadratischen Sockel. Sie wurden in Trockenbauweise aus schwarzen Lavablöcken errichtet, sind bis zu 40 Meter hoch und haben sorgfältig gearbeitete Treppen, die manchmal zu einer Plattform führen, auf der eine Art Altar steht. Ihre Ausrichtung orientiert sich oft an den vier Himmelsrichtungen. Auch ihre Lage erscheint strategisch, spätestens seit man im Umfeld uralte Wegesysteme und Wasserkanäle entdeckt hat.

Eine Theorie sieht die Shekelesh, einen altägyptischen Stamm der Seevölker (möglicherweise gleichbedeutend mit den Sikulern), als Erbauer. Die Seevölker gehören zu den meistdiskutierten Themen der Altertumsforschung, eine Verbindung zu Sizilien ist strittig. Doch nach Überzeugung einiger Forscher lebten die Shekelesh zwischen 3000 und 1600 vor Christus nicht nur auf Sizilien, sondern erreichten auch Teneriffa und sogar Mauritius. Tatsächlich finden sich gerade auf Teneriffa architektonisch ähnliche Strukturen – allen voran die Pyramiden von Güímar. Die galten wie ihre Pendants auf Sizilien heute lange als unbedeutende Relikte der Landwirtschaft.

Leider bröckeln viele Ätna-Pyramiden vor sich hin. Oft stehen sie auf Privatgrund, wie die Stufenpyramide bei Passopisciaro. Die Besitzer lassen sie verfallen oder reißen sie ab. Aber Vereine wie »Free Green Sicilia« kämpfen für den Erhalt der geheimnisvollen Pyramiden. Sie könnten noch so viel erzählen.

Adresse Stufenpyramide an der SS 120, 95012 Passopisciaro | Anfahrt hauptsächlich zwischen Linguaglossa und Adrano, nicht von der Straße sichtbare Pyramiden nur mit Erlaubnis des Grundbesitzers fotografieren, Überreste auf der Hochebene von Cirummeddi (Cerumbelle) in Pietraperzia zu Fuß zu erreichen | Tipp An der monumentalen, 25 Meter langen Front des Granfonte-Brunnens in Leonforte von 1651 wuschen einst die Frauen des Dorfes Seite an Seite ihre Wäsche. Aus 24 Bronzespeiern sprudelt Wasser und 22 Rundbögen geben den Blick auf die darunter liegende Landschaft frei.

77_Die Salinelle

Brodelnde Schlammvulkane als Thermometer des Ätna

Am Stadtrand von Paternò brodeln auf dem Parkplatz eines ausgedienten Fußballstadions mehrere Mikrovulkane. Aus den kraterförmigen Becken sprudelt und gurgelt kochend heißes, schwefelhaltiges Tiefenwasser, das beim Verdunsten grüne, gelbe und orangefarbene Kristalle auf der verkrusteten Oberfläche hinterlässt. Gelegentlich blubbert frischer Schlamm blaugrau über den Rand der Mulden.

Die sogenannten Salinelle des Ätna gehen auf einen alten Magmakanal zurück, der einst den Lavahügel schuf, auf dem heute die Stadt Paternò liegt. Gelegentlich tun sich in einer Garage oder einem Garten neue Schlammbrunnen auf.

Jüngere Studien legen nahe, dass die Schlammvulkane eng mit dem Ätna verbunden sind. Dieser ist der zweitaktivste Vulkan der Erde, seine Ausbrüche werden oft von mächtigen Aschewolken und Lavafontänen begleitet. Die Salinelle scheinen wie eine Art Thermometer frühzeitig anzukündigen, ob eine größere Eruption bevorsteht. Vulkanologen beobachten seit einiger Zeit die Menge der aus den unterirdischen Reservoirs austretenden magmatischen Gase, meist Kohlendioxid vermischt mit Methan. Vor großen Eruptionen zeigten sich die Salinelle aktiver als sonst – wie zum Beispiel drei Wochen vor dem spektakulären Ausbruch Mitte Dezember 2020, als Aschewolken kilometerweit Städte, Autos und Straßen mit schwarzem Ruß bedeckten.

Forscher datieren die Entstehung der Schlammvulkane auf die Frühphase des Ätna. Die Römer nutzten ihr heißes Wasser als Heilbad, die Araber setzten den Schlamm zu therapeutischen Zwecken ein. Von einer solchen Wertschätzung kann heute keine Rede sein. Noch vor 15 Jahren verwahrloste das Mofettenfeld als Müllhalde. Inzwischen halten Naturschützer das Gelände einigermaßen sauber. Doch noch immer fehlt es an Sicherheitsvorkehrungen. Jeder kann das Areal durch zerrissene Zäune betreten, handgeschriebene Schilder weisen den sichersten Weg zwischen den Schlammvulkanen.

Adresse Via dei Mulini, 95047 Paternò | Anfahrt über die SS 121, am Kreisel der Via Acque Grasse folgen | Tipp Zwei weitere Salinelle sind die »Salinelle del Fiume« in Paternò und die »Salinelle di San Biagio o del Vallone Salato« in Belpasso. Das Feld am Stadion ist das größte und aktivste, die anderen beiden liegen ein paar Kilometer von der Stadt entfernt. Sie sind zugänglich, aber es ist besser, von erfahrenen Führern begleitet zu werden: Das Risiko ist groß, die Füße an die falsche Stelle zu setzen.

78 Das Autodrom

Wo Rennautos um einen See der Unterwelt rasen

Angenommen, Sie stehen auf dem Nürburgring. Unter Ihren Schuhen brennt der von der Sonne aufgeheizte Asphalt. Auf der Tribüne kündet die Anzeigetafel noch vom letzten Rennen. Hören Sie das tiefe Brummen der Motoren?

Genau so fühlt es sich im »Autodromo di Pergusa« an. Der knapp fünf Kilometer lange Parcours ist eine Kombination aus schnellen Geraden und 16 geschmeidigen Kurven. Motorsportrennen finden hier allerdings nur selten statt. Vielmehr nutzen die Anwohner die Strecke zum Radfahren oder Joggen. Wenigstens bewahren sie so die sportliche Identität des 1951 erbauten Ovalkurses. Die traditionelle »Coppa Florio« war in Pergusa ebenso zu Gast wie die Königsklasse Formel 1.

Ohne Rennen wirkt der Ort wie ein stillgelegtes Industriegelände – oder wie der Weg in die Unterwelt. Wie passend, dass das Autodrom um den Lago di Pergusa führt. Der griechischen Sage nach wurde Persephone, als sie am Seeufer Blumen pflückte, genau hier von Hades in die Unterwelt entführt. Noch dazu färbt sich der See alle zehn Jahre blutrot. In der Antike, zur Zeit des Aristoteles, wurde das Phänomen als göttliche Strafe oder böses Omen gedeutet. Heute weiß man, dass die Rotfärbung eine Art Selbstreinigung bedeutet. Das Wasser ist zeitweise sauerstoffarm und mit Schwefelwasserstoff gesättigt. Rote Bakterienkolonien vermehren sich, sie bauen den Schwefelwasserstoff ab und sorgen so dafür, dass das Wasser wieder mit Sauerstoff angereichert wird.

Von dem malerischen See ist nicht viel zu sehen. Die Rennstrecke schirmt ihn ab, und man muss sie erst überqueren, um zu einem Steg zu gelangen. Der Natur ist das recht. Unbehelligt erobert sie sich ihren Platz zurück. Über 100 Vogelarten wurden hier gesichtet, sodass der See mittlerweile unter Naturschutz steht. Das führt manchmal zu kuriosen Zwischenfällen. Zum Beispiel 1996, als an einem Rennwochenende Unmengen von Fröschen über den Asphalt hüpften.

Adresse Via Nazionale, 94010 Pergusa | Anfahrt von der SS 561 in die Via Mercurio, geht in die SR 3 di Servizio Autodromo di Pergusa über, bis zum teilweise geöffneten Schiebetor rechts neben einer weißen Fußgängerbrücke, dort parken und das Gelände durch das Tor betreten | Tipp Die SR3 führt am Zaun entlang einmal um die Rennstrecke. Am südlichen Ende schließt sich ein Wäldchen an, in dem man an der Contrada Pollicarini Traversa C fast über eine Lokomotive von 1943 stolpert, die vor sich hin rostet. Bei Google Maps ist sie als »Locomotiva Breda« verzeichnet.

79__Santa Maria di Loreto

Eine Kirche wacht über die Kornkammer Roms

Petralia Soprana ist das höchstgelegene Dorf der Madonien-Gebirgskette. Ein bedeutendes Zentrum der Griechen und Karthager, war Petralia die erste Stadt, die die Römer auf Sizilien einnahmen. In der Folge wurde »Petra« zum Hauptlieferanten für Korn ans Römische Reich. Heute besitzt der *borgo* einen hübschen mittelalterlichen Kern, mit gepflasterten Gassen, blumengeschmückten Steinhäusern und verwinkelten Plätzchen, die den Blick ins Tal freigeben.

Etwas abseits der zentralen Piazza del Popolo liegt eine Kirche, die schon bei der Anfahrt aus dem ganzen Tal zu sehen ist. Die Chiesa di Santa Maria di Loreto steht auf den Resten einer sarazenischen Festung auf einem Felssporn. Mehrfach umgebaut, vereint sie seit 1750 den für die Region typischen madonischen Spätbarock, Rokoko- und mittelalterliche Elemente.

Zwei Glockentürme flankieren die gewölbte Fassade. Die kegelförmigen Spitzdächer sind über und über mit Majolika verkleidet, zinnglasierten Keramikkacheln, die im Sonnenlicht glitzern. Der Grundriss hat die Form eines griechischen Kreuzes, das Innere ist mit Fresken, Gemälden und Stuckaturen verziert, die alle den Blick auf eine von vier Pfeilern getragene Kuppel lenken. Über dem Hauptaltar befindet sich ein Marmor-Altarbild von Giandomenico Gagini, dem Vertreter einer lombardischen Bildhauerdynastie.

Der Höhepunkt erwartet den Besucher jedoch hinter der Kirche. Durch einen Steinbogen rechts gelangt man auf eine Allee, die sich den Hügel hinunterschlängelt und zu einer Aussichtsplattform führt. Cicero, der einst auf Sizilien für die Getreideversorgung zuständig war, soll angesichts des Panoramas ausgerufen haben: »Dies ist die Kornkammer Italiens!« An klaren Tagen schweift der Blick über grüne Hügel, Blumenwiesen auf den Hochebenen, Karstlandschaften und knorrige Eichenwälder. An trüben Tagen malen die tief hängenden Wolken sagenhafte Sonnenuntergänge an den Horizont.

Adresse Piazza Loreto 1, 90026 Petralia Soprana | Anfahrt von der SS 120 auf die SP 29, wird im Ort zur schmalen Einbahnstraße, in einer Kurve in die noch engere Via Loreto, ab hier der Beschilderung folgen | Öffnungszeiten Mo – Fr 16 – 18 Uhr, Sa, So auch 10 – 12 Uhr | Tipp Der »Gardino Museo A Gisa« ist mehr als ein Campingplatz. Umgeben von Wald, mit Trinkwasser aus den Bergen und zwischen altem Bauerngerät kann man mit Familienanschluss zelten oder seinen Bulli parken. Nichts für Verwöhnte, dafür ruhig und mitten in der Natur. Bei der Anfahrt sollte man sich von Dario lotsen lassen, die Route von Google Maps ist für größere Fahrzeuge zu abenteuerlich.

80 Die Geisterstadt

Eine gespenstische Kulisse trotzt der Zeit

Vor mehr als 50 Jahren, in der Nacht vom 14. auf den 15. Januar 1968, bebte das Belice-Tal. Mit einer Stärke von 6,5 war es eines der stärksten Erdbeben in der Geschichte Italiens. Die Menschen flohen im Schlafanzug aus ihren Häusern, mehr als 200 verloren ihr Leben, über 100.000 ihr Zuhause. Poggioreale wurde wie ein Dutzend weiterer Ortschaften dem Erdboden gleichgemacht. Die zerstörten Gebäude stehen seitdem leer, der Ort wurde drei Kilometer flussabwärts neu aus dem Boden gestampft.

»Città fantasma«, »Geisterstadt«, heißt Poggioreale Antica nun. Bis vor wenigen Jahren konnte man unbehelligt durch die verlassene Stadt spazieren und die bedrückende, wenngleich gespenstisch faszinierende Szenerie auf sich wirken lassen. Mit einem Kloß im Hals ging es vorbei an eingestürzten Dachstühlen und Außenmauern, an Tischen, Schränken und Freskenfragmenten. Auf dem Corso Umberto erkannte man die Überreste des Rathauses, der Schule, der Post, des Theaters. Der hohe Glockenturm der Mutterkirche blieb unversehrt. Feigenbäume und Kakteen breiten sich in der Verwüstung aus, Hunde streunen umher, die Szenerie ist filmreif. Tatsächlich diente Poggioreale in Giuseppe Tornatores Film »Der Mann, der die Sterne macht« als Kulisse für eine zerbombte Piazza.

Seit einiger Zeit versperren Gitter den Zugang zu den Trümmern. Die Einsturzgefahr ist zu groß. Die Region will die Ruinen in den nächsten Jahren stabilisieren. Unterdessen nutzen Zivilschutz, Feuerwehr und Militär das Geisterdorf als Übungsgelände, um zum Beispiel die Rettung von Verschütteten zu trainieren, und Seismologen haben eine Art Freiluftlabor installiert. Aber Schleichwege ins Geisterdorf findet man leicht. In die Häuser zu gehen ist gefährlich, aber die verlassenen Straßen und Plätze sind Kulisse genug. Das Wasser im alten Cannoli-Brunnen plätschert unbeeindruckt weiter. In ihm spiegeln sich trotzig die Ruinen.

Adresse 91020 Poggioreale | Anfahrt Ausfahrt Poggioreale, bis zur Neustadt und diese durchqueren, weiter auf der SP 27 den Schildern »Ruderi di Poggioreale« folgen, zwei Hauptzugänge: im Westen und im Osten | Tipp Im Familienbetrieb »Caseificio Mandra di Mezzo« an der SS 624 gibt es frischen Schafskäse aus Rohmilch. Der Pecorino wird mit Pfeffer, Chili, Walnüssen oder Pistazien verfeinert. Originell ist der *Formaggio Ubriaco*, der mit Nero d'Avola angereicherte »betrunkene Käse«. An manchen Tagen kann man morgens hausgemachten, noch warmen Ricotta ergattern.

81 Das Manna-Museum

Wo der Nektar der Götter von Bäumen rinnt

Man nennt sie *'ntaccaluori*, die letzten Männer des Mannas. Mit geübten, präzisen Schnitten ritzen die Bauern die dunkelgraue Rinde der Manna-Eschen ein. Es ist heiß, kein Lüftchen weht durch das lichte Blätterdach. Bald fließt ein klebriger, bitter schmeckender Saft aus der Rinde. Innerhalb weniger Stunden erstarrt er und bildet kleine Stalaktiten, weiß und süß.

Manna galt im Altertum als »Nektar der Götter« und fand schon in der Bibel Erwähnung. Heute wird Manna nur noch auf Sizilien angebaut, in den Madonien-Bergen zwischen Castelbuono und Pollina. Kaum mehr als 100 Männer üben das Handwerk noch aus, die meisten sind 70 Jahre und älter. Ein kleines, liebenswertes Museum in Pollina will die Erinnerung an das Handwerk bewahren. Historische Werkzeuge sind in Vitrinen ausgestellt. Leicht verblasste Fotos zeigen den Alltag auf den Plantagen. Höhepunkt ist die Verkostung von reinem Manna, süßen Keksen und Schnaps.

Während der Manna-Ernte zwischen Juni und September organisiert das Museum einen Spaziergang über ein Manna-Feld. Dieses verwandelt sich dabei in ein wahres Freilichtmuseum, in dem die Besucher den Ernteprozess verfolgen und dabei sein können, wenn das Manna von den Bäumen geholt wird.

Die Eschen (*Fraxinus ornus*, eine Ölbaumart) produzieren Manna, so sagt man, wenn sie »verliebt« sind. Die Kunst besteht darin, den richtigen Reifegrad zu erkennen. Außerdem kann ein Sommergewitter die Ernte zerstören, weshalb die *'ntaccaluori* in den Nächten zuvor Wache halten. Die Ernte erfolgt in Etappen. Zuerst werden die Stalaktiten von den Zweigen gesammelt. Manche Bauern lassen den Saft über einen Nylonfaden laufen und erhalten so meterlange Stalaktiten. Für die weitere Verwendung wird der Saft an der Luft getrocknet und dann zu einem weißen Pulver gemahlen. Sein Geschmack erinnert an eine süßlich-bittere Mischung aus Honig und Mandeln.

Adresse Piazza Duomo, 90010 Pollina | Anfahrt von der SP 25 auf Viale J. F. Kennedy und in Serpentinen bis zur Manna-Esche-Bronzestatue, zu Fuß weiter | Öffnungszeiten täglich 10–13 und 15.30–19.30 Uhr, Besichtigung des Erntefelds mit Führung nach Voranmeldung bei Santi Cinquegrani unter Tel. +39/339/6227668 | Tipp Das im Abendlicht rosa schimmernde Freilichttheater »Pietra Rosa« im Viale Alfredo Musotto 21 hat 1979 ein venezianischer Architekt wie ein antikes Amphitheater direkt in den Steilhang gesetzt. Von den Rängen überblickt man bei Konzerten das Tal, während im Rücken die über- und aneinandergeschachtelten Häuser zur Kulisse werden.

82 Die Schriftsteller-Straße

Auf den Spuren der größten sizilianischen Autoren

Es gibt Bücher, die zum Reisen inspirieren, und Reisen, die zum Bücherlesen inspirieren. Die »Strada degli Scrittori« verbindet beides. Offiziell als SS 640 ausgewiesen, führt die »Straße der Schriftsteller« auf 72 Kilometern zu Orten, an denen große Autoren geboren und aufgewachsen sind. Autoren, die die Geschichte Siziliens wie kein anderer zu erzählen wussten.

Jede Etappe steht für einen von sechs Schriftstellern. Ausgangspunkt ist Porto Empedocle, von dort geht es auf den Spuren von Andrea Camilleri zu den teils fiktiven, teils realen Schauplätzen seiner Krimireihe um Commissario Montalbano. Nächste Station ist Palma di Montechiaro, das Giuseppe Tomasi di Lampedusa zu seinem Meisterwerk »Der Gattopardo« inspirierte.

Über das Favara von Antonio Russello gelangt man nach Agrigent. Luigi Pirandello, der Literaturnobelpreisträger von 1934, fand in »Girgenti« die Kulisse für seine zwischen Komik und Tragik angesiedelten Figuren. Sein Geburtshaus bewahrt Dokumente, Familienfotos und Bühnenbilder auf. Ein Weg führt zu jener Pinie, unter deren Krone Pirandello so gern seinen Gedanken nachhing, dass man auch seine Urne hier beisetzte. Seit ein Sturm sie zerlegte, ist ein mächtiges Stück Baumstamm Pirandellos Grabmahl.

Es folgt Racalmuto, wo Leonardo Sciascia in einem etwas außerhalb gelegenen Landhaus die meisten seiner Bücher schrieb. Bei einem Abendspaziergang soll er nach 40 Jahren erstmals »in einer Mauerritze ein Glühwürmchen« gesehen haben, genau wie er es im Politroman »Die Affaire Moro« beschreibt. Das Verschwinden der Glühwürmchen wurde zum Sinnbild, dem zu Ehren Felice Cavallaro, der Initiator der Strada, einen »Garten der Glühwürmchen« anlegte. Den Abschluss bildet Caltanisetta, wo Pier Maria Rosso di San Secondo, wie sein Freund Pirandello ein Vertreter des *Teatro del grottesco*, die bürgerliche Literaturszene aufmischte und für Feuilletons aus Berlin und über Berlin schrieb.

Adresse Start: SS 640; 92014 Porto Empedocle, www.stradadegliscrittori.com; Straßenschild: Kreisel östlich von Agrigent | Anfahrt Straßenkarte mit Überblick der Sehenswürdigkeiten entlang der Route auf der Website | Tipp Die Route führt durch das Valle dei Templi bei Agrigent. Viele besuchen die Tempel, nur wenige den »Giardino della Kolymbetra« im Herzen der Ausgrabungsstätte. Der Garten liegt in einem Tal, seine Schatten spendenden Mandel- und Olivenhaine sind durchzogen von duftenden Zitronengärten und einem uralten Bewässerungssystem.

83_Die Isola delle Correnti

Wo das Ionische Meer auf das Libysche Meer trifft

An der äußersten Südspitze Siziliens bietet die Natur ein einmaliges Schauspiel. Die kleine Isola delle Correnti (Insel der Strömungen) liegt genau auf der Wasserscheide zwischen dem Ionischen und dem Libyschen Meer. Hier treffen raue Winde aufeinander, und die Strömungen vermischen sich: Auf der einen Seite rollt das Meer in hohen Wellen an, auf der anderen Seite plätschert es sanft dahin.

Die Isola delle Correnti hat noch eine weitere Besonderheit: Je nach Wellengang, Gezeiten und Strömung kann man sie auch ohne ein gemietetes Tretboot erreichen. Ein Wellenbrecher überbrückt die 90 Meter vom vorgelagerten Strand zur Insel. Allerdings ist die Steinzunge auf einer Länge von 30 Metern zerstört und überspült. Und so sieht man an Sommertagen Karawanen von Badetouristen mehr oder weniger trittsicher durchs Meer waten. Die Großen balancieren Flipflops und Taschen über dem Kopf, die anderen schwimmen.

Am Ufer angekommen, stehen Hunderte von Steinmännchen am Strand Spalier. Ansonsten zeugen nur der Leuchtturm und der verlassene Militärposten davon, dass hier früher einmal Menschen lebten und arbeiteten. Mittlerweile steht die wilde, spärlich mit Kapern und wildem Lauch bewachsene Insel unter Naturschutz. Links der Anhöhe wölbt sich eine kleine Bucht mit spiegelglattem, seichtem Wasser ins Meer. Hier kann man beobachten, wie die Menschen – mit der gebotenen Umsicht – das reiche Vorkommen an Tonerde nutzen: Einfach einen Klumpen aus weißem oder gelbem Ton aufheben (bitte nicht direkt vom Küstenrand brechen), kurz ins Wasser tauchen und den Körper mit der hautfreundlichen Mineralerde einreiben.

Mit der Schlammpackung auf der Haut geht es zurück zum Strand. Hier steht eine Christusstatue, die der Küste obendrein einen Hauch von Mythos verleiht. Die angebrachte Tafel verkündet feierlich, dass hier Homers Odysseus auf seiner Heimreise nach dem Sieg über Troja angelandet sein soll.

Adresse Parcheggio Isola delle Correnti, 96010 Portopalo di Capo Passero | Anfahrt ab der SS 114 ausgeschildert, von Portopalo 8 Kilometer entlang der SP8, von der Querstraße Via Guardiana Contrada mehrere Stichstraßen zum Strand | Tipp Am Hafen von Capo Passero verkaufen die Fischer frühmorgens ihren Fang, erst kistenweise an die Händler, später auch an Privatpersonen. Rund um das Barockstädtchen Pachino werden außerdem die begehrten *Pomodori di Pachino* angebaut – erkennbar an den Gewächshäusern, in denen die Tomaten mit Salzwasser bewässert werden.

84__Commissario Montalbano

Die Veranda mit Meerblick einer Fernseh-Ikone

Als der Schriftsteller Andrea Camilleri 2019 als fast Hundertjähriger starb, trauerte ganz Italien nicht nur um einen großen Denker und Menschenfreund, wie es ihn nur selten gibt. Man trauerte auch um Commissario Montalbano, jenen Kommissar, der 20 Jahre lang in über 35 Büchern und Fernsehfolgen mit Witz und Scharfsinn Verbrechen aufklärte.

»*Montalbano sugnu!*« So stellt sich der sizilianische Inspektor typischerweise vor, wenn er bei Verdächtigen, Zeugen und Freunden vorbeischaut. Der ebenso launische wie weichherzige Ermittler und seine vollmundige, sonnendurchflutete Welt könnten sich nicht deutlicher von den düsteren Krimis Skandinaviens unterscheiden. Der Leser taucht in das Leben der einfachen Sizilianer ein, in ihre politischen und sozialen Probleme, ihre Menschlichkeit.

Schauplatz ist die fiktive Kleinstadt Vigàta, die Camilleris Heimatstadt Porto Empedocle westlich von Agrigent nachempfunden ist. Doch als der Staatssender Rai beschloss, die Bücher fürs Fernsehen zu adaptieren, siedelten die Regisseure den Inspektor lieber in der malerischen Gegend von Ragusa im Südosten an. Vigàta wurde nicht an einen realen Ort übertragen, sondern in verschiedenen Umgebungen neu erschaffen: von Ragusa bis Modica, von Sampieri bis Donnafugata gibt es zahllose Orte, die gemeinsam Montalbanos Kulisse bilden.

Montalbano hat das Glück, jeden Morgen in seinem Haus am Meer in »Marinella« aufzuwachen, das das Fernsehen im Küstenort Punta Secca angesiedelt hat. Am dortigen Strand spaziert der grübelnde Inspektor barfuß, in diesem Meer schwimmt er, um den Kopf freizubekommen, auf dieser Veranda trinkt er Espresso und isst voller Ehrfurcht die *Pasta 'ncasciata* seiner Haushälterin Adelina. Montalbanos Serienhaus ist heute ein Bed and Breakfast. Es liegt direkt am Hauptplatz, der inoffiziell »Piazza Montalbano« heißt und wo ein Bronzedenkmal an Camilleri erinnert.

Adresse Corso Aldo Moro 44, 97017 Punta Secca | Anfahrt Ortszentrum für den Verkehr gesperrt, Parkplatz kurz vor dem Bed and Breakfast | Tipp Wie der Fernsehkommissar beim Verdauungsspaziergang kann man an der Promenade entlang bis zum alten Leuchtturm laufen, wo Montalbano über seinen komplizierten Fällen brütet. Ein paar Schritte weiter erreicht man das Restaurant »Enzo a Mare«, wo der Commissario fangfrischen Fisch in jeder Variation goutiert. Aber auch anderswo kann man hervorragend essen, zum Beispiel im »Scjabica Cucina Costiera« (Piazza del Faro 3/A).

85 Das Teehaus

Ein Meister der Teezeremonie im Land des Kaffees

Teetrinken ist in Japan eine Kunst. Doch unerwarteterweise findet man auch im Land des Kaffees exzellenten Tee, vorausgesetzt, man begibt sich tief ins Hinterland. Eingebettet in Weizenfelder, die in der Sonne golden leuchten, taucht wie eine *Fata Morgana eine Teeplantage auf.* Sie ist das Werk von Salvo Pellegrino, der mit »La Casa del Tè« eines von nur vier vergleichbaren Teehäusern in ganz Italien führt. Seine Sammlung umfasst 620 Sorten aus aller Welt.

Beim Eintreten zieht man wie in Japan die Schuhe aus. Salvo hat alles nach den Regeln des Feng-Shui eingerichtet. Das Licht fällt durch ein Fenster nach Osten, die Holztreppe zum Zeremonienraum verläuft asymmetrisch, was den Lebensweg mit all seinen Herausforderungen symbolisieren soll. In Regalen präsentiert er die größte Teetasse und Teekanne der Welt, geführt im Guinnessbuch der Rekorde und hergestellt von Künstlern der Keramikstadt Caltagirone. Zu den edelsten Stücken gehören eine kiloschwere Teekanne, wie man sie in China zur Verlobung schenkt, und kostbare Raku-Tassen, von Hand gefertigt und in einer Waldgrube gebrannt. Wertvollstes Exponat ist ein Teekessel von 1810, das Geschenk einer Samurai-Familie zur Einweihung.

Die Liebe des Sizilianers zum Tee begann in Windsor, wo sonst? Als Sohn einer Konditorenfamilie war er zum Arbeiten nach England gegangen. Eines Tages sollte er den britischen Adel beim Pferderennen in Ascot bedienen. »Vorab musste ich in einem Degustationskurs lernen, mit welchem Tee unsere Kuchen harmonieren«, erzählt er. Salvo studierte den Tee weiter, servierte ihn später Margaret Thatcher, dem König von Arabien und dem Schah von Persien. Seine Recherchen ergaben, dass die Geschichte des Tees auf Sizilien bis in die Zeit der Araber zurückreicht: »Schon um 950 wurde Tee entlang der Karawanenstraßen, die den Mittelmeerraum mit Asien verbanden, angebaut.« Damit schließt sich für Salvo der Kreis.

Adresse Via Garibaldi 45, 95040 Raddusa, www.lacasadelte.it | Anfahrt von Aidone auf die SS 288, links abbiegen, im Kreisverkehr 2. Ausfahrt Via Francesco Sollima nehmen, links auf SP 20iii | Öffnungszeiten täglich, Besichtigung der Plantage und Teezeremonie nach Voranmeldung unter Tel. +39/339/2053677 | Tipp Sizilien war die Kornkammer Roms, in Hochzeiten wurden rund drei Millionen Tonnen Weizen jährlich auf das Festland verschifft. Wegen seiner weitläufigen Getreidefelder wird Raddusa auch »Stadt des Weizens« genannt. Anfang September findet das Weizenfest »Pisatura« statt, bei dem die Dorfbewohner das Ritual des Dreschens mit Pferden nachstellen.

86 Die Salzskulpturen

Bergleute zeigen ihre Kunstwerke im Salzstollen

Auf Sizilien lagern einige der größten Steinsalzvorkommen Europas. Eine »Urkatastrophe« ging dem voraus. Vor etwa 5,6 Millionen Jahren schob sich die Afrikanische Kontinentalplatte so weit nach Norden, dass sich die Straße von Gibraltar schloss. Zwischen Mittelmeer und Atlantik konnte kein Wasser mehr fließen. Das Mittelmeer verdunstete und verwandelte sich in eine gigantische Salzwüste. Staub wehte über die heiße Ebene und lagerte sich auf dem Salz ab. Als sich die Meerenge 300.000 Jahre später wieder öffnete, strömten gewaltige Wassermassen in das Becken zurück. So entstand das Mittelmeer, wie wir es heute kennen, mit seinen Inseln, Vulkanen – und dem im Gestein eingeschlossenen Salz.

Siziliens Steinsalz ist mit 99,9 Prozent so rein wie kaum ein anderes. Abgebaut wird es in drei Bergwerken, von denen sich eines durch die Gebirgskette der Madonien zieht. Über insgesamt 80 Kilometer erstrecken sich seine verwinkelten Stollen auf elf Ebenen. Tief unter der Erde wird das Speisesalz zerkleinert, gemahlen und verpackt. Nach Jahrmillionen kommt es so erst wieder in irgendeiner Küche ans Tageslicht.

Die Wände der Stollen sind von hypnotisierenden Wellen durchzogen, die die Fräsen hinterlassen, wenn sie das Salz abgraben. Braungraue Linien markieren die uralten Ablagerungsschichten aus Salz und Ton. Daneben, darunter, darüber nichts als puderzuckerweißes Salz.

Im Bergwerk von Raffo kann man den Salzschimmer auf ganz besondere Weise bewundern: In einem Stollen betreiben die Bergleute ein Museum für zeitgenössische Kunst. Gezeigt werden über 30 Skulpturen, die die Kumpel zusammen mit lokalen Bildhauern aus den Salzblöcken gemeißelt haben. Nach der Schicht führen sie durch ihre Ausstellung, weihen in die Geheimnisse des Salzabbaus ein, und weil das Bergwerk noch in Betrieb ist, dröhnt das Fräsen und Hämmern der Maschinen, die unermüdlich Salz aus der Erde fördern.

Adresse MACSS, Italkali Company, Via del Salgemma, 90026 Raffo | Anfahrt A 19, Ausfahrt Irosa, Richtung Petralia bis zum Bivio Madonnuzza, dann auf die Via del Salgemma, ab hier ausgeschildert, keinesfalls Google Maps folgen | Öffnungszeiten nur Sa mit Führung und nach Anmeldung unter Tel. +39/366/3878751 oder per E-Mail an associazionesottosale@gmail.com, ab 12 Jahre | Tipp In Petralia Soprana führt ein durch Messingstifte im Boden gekennzeichneter geologischer Stadtwanderweg vom Ortskern zu Fossilien aus dem Miozän, Karsthöhlen und Quellen.

87 Das Donnafugata-Schloss

Im Anwesen eines Barons, der gern Streiche spielte

Der Baron von Donnafugata hatte Sinn für Humor. Als er Mitte des 19. Jahrhunderts ein Landgut zum Schloss ausbauen ließ, legte Corrado Arezzo einen Park an, wo er seinen Gästen zur allgemeinen Belustigung und als Ausgleich zum langweiligen Alltag des Hochadels Streiche spielte. Es gab zum Beispiel eine falsche Kapelle: Wenn eine Dame zur Andacht eintrat, sprang ihr ein hölzerner mechanischer Mönch aus dem Dunkel entgegen. Oder eine unter duftenden Rosenbüschen verborgene Steinbank: Kaum hatte sich ein Paar darauf zurückgezogen, spritzte Wasser aus versteckten Rohren. Und ein Labyrinth, dessen Wegführung – eine fast exakte Kopie von Großbritanniens ältestem Heckenlabyrinth in Hampton Court Palace – die Besucher mit Dutzenden Wendungen und Sackgassen zur Verzweiflung trieb. Zudem verteilen sich überall im Park künstliche Grotten mit Tropfsteinen aus Kork oder aufgemalten Firmamenten.

Der Holzmönch ist verstummt, aber die anderen Kuriositäten gibt es noch, wenn auch in mehr oder weniger gutem Zustand. Der Park ist in drei Bereiche unterteilt. Im Botanischen Garten stehen vier 100-jährige Exemplare einer Ficus-Art, deren Blätter früher von der Post abgestempelt und als Ansichtskarten verschickt wurden. Hinter dem Anwesen erstreckt sich ein strenger französischer Garten mit Lavendel- und Rosmarinbeeten. Der landschaftlich reizvollste Teil folgt dem naturnahen englischen Stil mit verschlungenen Wegen, einem begehbaren Landschaftsgemälde gleich.

Es ist fast schade, dass sich die meisten Besucher auf das Schloss beschränken. Andererseits ist das Castello di Donnafugata mit seiner zinnengekrönten Fassade, den venezianischen Anleihen und der neugotischen Loggia wirklich ein Schmuckstück. Von den 122 Räumen können 20 besichtigt werden. Der in Weiß und Gold erstrahlende Spiegelsaal und der Musiksaal mit illusionistischen Trompe-l'œil-Malereien sind dem schelmischen Schlossherrn würdig.

Adresse Contrada Donnafugata, 97100 Ragusa | Anfahrt über die SP 71, ab Kreisverkehr der Beschilderung zum Parkplatz folgen | Öffnungszeiten Di–So 9–19 Uhr (Sommer), Di–So 9–16 Uhr (Winter) | Tipp Auch in Ragusa Ibla wurden Szenen der TV-Serie »Commissario Montalbano« gedreht. Eine seiner Stammtrattorie heißt außerhalb der Serie »A' Rusticana« (Vico Domenico Morelli 4).

88_Cinabro Carrettieri

Die neue Generation der Karren-Künstler

Die Atmosphäre in der »Bottega Cinabro Carretti« erinnert an die Ateliers vergangener Zeiten, in denen das Chaos regierte und doch alles seinen Platz hatte: Ziegenhaarpinsel in Blechdosen, Schälchen mit Zinnoberpigmenten, Holzstreben und Schleifmaschinen, an den Wänden verblichene Fotos. Hier, in einer historischen Fuhrmannswerkstatt, halten Damiano Rotella und Biagio Castilletti eine jahrhundertealte Tradition am Leben: Sie bemalen und restaurieren Holzkarren, die farbenfrohen *carretti siciliani*.

Die jungen Ragusaner gehören zu den jüngsten *carretieri*. »Unser Handwerk lernt man nicht aus Büchern oder dem Internet«, erzählen sie. »Es wird mündlich vom Meister an den Schüler weitergegeben.« So war es auch bei ihnen. Beide gingen bei Domenico Di Mauro in die Lehre, dem bedeutendsten *carretiere* Siziliens, der 2016 im Alter von 102 Jahren und sozusagen noch mit dem Pinsel in der Hand starb. Bald entwickelten sie ihren eigenen Stil, bemalten Wagenräder und Karrenwände mit plakativen Figuren und arabisch-normannischen Mustern in den leuchtenden Farben ihrer Insel: dem Rot der Granatäpfel, dem Gelb der Zitronen, dem Blau des Himmels und des Meeres.

Damiano und Biagio haben den Karren zum Designobjekt geadelt. Das Designerduo Dolce & Gabbana beauftragte sie mit der Gestaltung der Sonderedition »Sicily is my love«, woraufhin ihre prächtig dekorierten Zitruspressen, Kaffeekocher und Toaster in Küchen überall auf der Welt einzogen. Der große Fotograf Steve McCurry hat die fabelhaft antiquierte Atmosphäre ihrer *bottega* in der Fotografie »Fiat Bambino« eingefangen. Der kunstvoll lackierte Fiat 500, der auf dem ikonischen Foto von 2017 zu sehen ist, befindet sich mittlerweile im Museum in Messina. »So wie Denkmäler und Gebäude die Geschichte der Menschheit erzählen, erzählt der *carretto* unsere Geschichte«, sagt Damiano. Aus diesem Grund steht ihre Werkstatt Besuchern immer offen.

Adresse Via Orfanotrofio 22, 97100 Ragusa, www.cinabrocarrettieri.it | Anfahrt ab Ragusa über die Serpentinen des Corso Mazzini, weiter auf die Via del Mercato, dann rechts; alternativ 30 Minuten zu Fuß von Ragusa, im Altstadtkern hinter der Chiesa di San Giuseppe | Öffnungszeiten täglich außer Di 10.30–20.30 Uhr, regelmäßig Workshops, Informationen siehe Website | Tipp Die Chiesa di Santa Maria delle Scale liegt auf halbem Weg zwischen Ragusa (Neustadt) und Ragusa Ibla (Altstadt). Wie ihr Name verrät, erreicht man die Klosterkirche über Stufen, und zwar genau 242. Die Aussicht ist jede Anstrengung wert, die Treppe beginnt am Corso XXIV Maggio kurz vor den Serpentinen.

89 Santa Maria Assunta

Eine Basilika aus schwarzem Lavastein

Tiefschwarze Geröllfelder türmen sich auf, hier und da haben Bauern den gewaltigen Trümmern grüne Obstgärten abgerungen. Mitten durch diese erkaltete Lavalandschaft führt die SP230 nach Randazzo. Folgt man der schwarzen Schneise mit den Augen, kann man erkennen, wo 1981 die Lava herabströmte und kurz vor den ersten Häusern zum Stillstand kam.

Das verschlafene Randazzo liegt nur 15 Kilometer vom Hauptkrater entfernt. Wie durch ein Wunder blieb es in all den Jahren verschont. Dennoch ist die Lava allgegenwärtig, denn sie wird seit jeher zum Bau von Häusern, Straßen und Trockenmauern verwendet, was der »schwarzen Stadt« eine einmalige Atmosphäre verleiht.

Im mittelalterlichen Kern mit den engen Gassen, deren schwarzes Kopfsteinpflaster vom Darüberlaufen glänzt, steht die Basilica di Santa Maria Assunta. Sie ist die hübscheste der früher einmal 100 Kirchen im Ort. Ihre Fassade besticht durch den starken Kontrast zwischen schwarzem Basalt und den Verzierungen aus weißem Sandstein. Die Kirche wurde im frühen 13. Jahrhundert im Stil der Gotik erbaut. Aus dieser Zeit sind nach mehreren Umbauten noch drei Apsiden erhalten. Die bunten Glasfenster stellen die heimische Flora und Fauna dar.

Am 15. August wird die Kirche zum Schauplatz eines irrwitzigen Spektakels. Dann startet hier die »Vara«, ein fast 20 Meter hoher, mit Spiegelchen, buntem Papier und Goldfolie geschmückter Votivwagen, der Marias Himmelfahrt darstellt. So weit nicht ungewöhnlich – bis auf die Tatsache, dass 30 Kinder im Alter von 13 Jahren in schwindelerregender Höhe an dem Wagen »hängen«, der sich noch dazu handbetrieben um die eigene Achse dreht. Die Kinder verkörpern die Madonna, Apostel, Engel und Heilige. Eine Phalanx von Männern zieht sie an Seilen durchs Dorf, bejubelt von den Bewohnern, die den Kindern Süßes zuwerfen. Reste einer Vara sind bei der linken Außenwand der Kirche verwahrt.

Adresse Piazza della Basilica 5, 95036 Randazzo | Anfahrt von Osten über die SP 230 durch die Lavaschneise oder von Norden über die SS116 mit Panoramablick auf die Stadt, Zugang zur Kirche über den linken Seiteneingang | Tipp Am Kirchplatz steht »Santo Musumeci« seit Generationen für Granita und Eis aus lokalen Zutaten wie Maulbeeren und Kaktusfeigen. Danach sollte man die Via degli Archi begehen. Eine stimmungsvolle Gasse, die von vier schwarzen Spitzbögen überspannt wird. Sie führt zur faszinierenden schwarz-weißen Chiesa di San Nicolò.

90 Die Antica Farmacia

Renaissance-Vasen in Siziliens ältester Apotheke

Im Mittelalter waren Apotheken keine Läden mit Neonlicht und Plexiglas, sondern warme, einladende Geschäfte des täglichen Bedarfs. Auf stattlichen Holzregalen warteten Mörser, Waagen und Amphoren mit Salben, Sirups und Ölen auf ihren Einsatz. Neben Heilmitteln wurden Gewürze, Parfüms, Essenzen, Mal- und Färbemittel, Wachse, Kerzen und Tinte feilgeboten. Ihre Theken waren ein Treffpunkt, wo man bei einem Likör Neuigkeiten und Klatsch austauschte.

Die Antica Farmacia di Roccavaldina atmet noch diesen Geist. Mit bald 400 Jahren ist sie Siziliens älteste Apotheke. Nicht nur das: Im angestaubten Verkaufsraum stehen Keramikgefäße der Renaissancekunst, für die man sonst etwa das New Yorker Metropolitan Museum aufsuchen müsste. Seit ihrer Gründung 1628 hat die Antica Farmacia eine exklusive Sammlung zusammengetragen: 238 Vasen in verschiedenen Formen und Größen, die fast alle um das Jahr 1580 in der Werkstatt von Antonio Patanazzi im norditalienischen Urbino entstanden. Darunter eines der wenigen erhaltenen Exemplare, die der bedeutende Keramiker mit seinen Initialen versah.

Während die meisten ähnlichen Garnituren unvollständig in Vitrinen stehen – oder bestenfalls mit zerbrochenen Stücken –, sind alle Gefäße hier makellos. Die ausgestellten Flakons, Karaffen, Amphoren und zylinderförmigen Albarelli sind mit feiner farbiger Majolika-Malerei verziert, wie sie für die Keramik der italienischen Renaissance typisch ist. Viele der handgemalten biblischen, mythologischen und historischen Szenen gehen auf die Vorlagen der von Raffael dekorierten Loggien im Vatikan zurück.

Nach mehreren Besitzerwechseln gelangte die Sammlung an die Bruderschaft des Heiligen Sakraments, die Kranke kostenlos mit Arznei versorgte und den ärmsten Töchtern Gefäße als Mitgift schenkte. Heute gehört die Apotheke der Stadt. Sie hat aus dem »Kramladen« ein nischiges, aber einzigartiges Museum gemacht.

Adresse Via Umberto 1, 98040 Roccavaldina | Anfahrt im Ortskern gegenüber dem Castello, Parkmöglichkeiten vorhanden | Öffnungszeiten Besuch und Führung nach Anmeldung unter Tel. +39/348/0936328 (P.A.N. Travel) oder +39/0909/977741 (Tourismusbüro) sowie per E-Mail an info@pantravelsolution.com | Tipp Ihre Heilkräuter bezog die alte Apotheke unter anderem aus Borgo Pantano bei Rometta. Auf einem terrassierten Hügel steht ein Gefüge aus Häusern aus dem 15. Jahrhundert, lange verlassen und heute von einer Gemeinschaft mit esoterischen, der Kabbala-Mystik nahestehenden Anklängen verwaltet.

91__Das Hotel Signum

Geburtsort von »Bella Germania« mit Sterneküche

Ein Händedruck am 20. Dezember 1955 zwischen dem deutschen Arbeitsminister und seinem italienischen Amtskollegen sollte die Zukunft beider Länder nachhaltig prägen. Es war die Zeit, als die Nachkriegswirtschaft der Bundesrepublik boomte, während Süditalien unter Armut litt. Eine Unterschrift, ein Abkommen, und Hunderttausende Menschen aus den abgehängten Dörfern des *Mezzogiorno* machten sich als sogenannte Gastarbeiter auf den Weg in den Norden.

Der Autor Daniel Speck hat das Schicksal der italienischen Einwanderer zum Thema seines Buches »Bella Germania« gemacht. Sein 2016 erschienener Roman erzählt eine Familiengeschichte von den 1950er Jahren bis heute. Die Handlung kreist um das Suchen und Finden der eigenen Wurzeln, um Hoffnung, Sehnsucht und Zerrissenheit. Vor allem ist es ein exzellent recherchiertes Stück Zeitgeschichte.

Specks Geschichte beginnt auf Salina, der ruhigen, leisen, bescheidenen unter den sieben Äolischen Inseln. Anders als das belebte Lipari, das mondäne Panarea, das aufbrausende Stromboli. Von Salina stammt Giulietta Marconi, eine der Protagonistinnen. Mit ihrem Bruder verlässt sie ihr Heimatdorf Malfa, um in Mailand Arbeit zu suchen. Später ziehen sie nach München, wo eine verhängnisvolle deutsch-italienische Liebe ihren Lauf nimmt.

Speck schrieb den Roman unter anderem vor Ort auf Salina, im Hotel Signum. An einem Bistrotisch auf der Terrasse, mit Blick aufs Meer und einer Luft, die nach Thymian duftet, konnte er Sizilien so beschreiben, wie es sich mit allen Sinnen anfühlt. Im Restaurant kocht Martina Caruso, die 2015 mit damals 25 Jahren als jüngste Italienerin einen Michelin-Stern erhielt, mit dem, was die fruchtbare Vulkaninsel hergibt. Wildgemüse wie Fenchel, Meerkirschen und Kapern verfeinern ihre Fischgerichte. Dazu ein süßer Malvasia, den Roman lesend, und man begreift, warum das Herz vieler Auswanderer immer der Heimat gehören wird.

Adresse Via Scalo 15, 98050 Malfa | Anfahrt Fähren von Siremar und Tragflügelboote (Aliscafi) der Liberty Lines ab Milazzo, Anfang Juni–Mitte Sept. auch ab Palermo, Messina und Cefalù, Fahrpläne und Tarife auf den Websites, Reservierung empfohlen | Tipp »Il Postino«, die fiktive Freundschaftsgeschichte zwischen dem Postboten Mario und dem chilenischen Dichter Pablo Neruda, gilt Cineasten als einer der schönsten italienischen Filme. Drehort war Pollara, wo in der Via Massimo Troisi Nerudas Filmhaus stand. Ein Pfad führt hinunter zur Spiagga di Pollara mit dem in den Fels gehauenen Bootsschuppen, ein Denkmal am Wegrand erinnert an den grandiosen Schauspieler Massimo Troisi.

92 Die Einsiedler-Grotte

Eine verwunschene Eremitage im Tal der Wunder

Einer Eremitage haftet immer etwas Absolutes an. Die völlige Abgeschiedenheit, das radikale Zurückgeworfensein auf sich selbst und die Tatsache, dass nur unwegsame Wege hinführen, nähren ihre Aura des Geheimnisvollen. Auf Sizilien liegen gleich mehrere Einsiedeleien entlang einer imaginären Linie, die sich diagonal über die Insel zieht. Besonders faszinierend ist San Corrado Fuori le Mura, wenige Kilometer vom barocken Stadtzentrum Notos entfernt im malerischen Valle dei Miracoli (Tal der Wunder) gelegen und benannt nach den Wundern, die der Schutzheilige Notos, San Corrado, hier vollbracht haben soll.

Mit San Corrado verehren die Einwohner genau genommen einen Brandstifter, noch dazu einen aus Norditalien: Ein Adeliger namens Corrado Confalonieri hatte einst ein Feuer im Unterholz gelegt, um Tiere für die Jagd zusammenzutreiben. Das Feuer geriet außer Kontrolle, es vernichtete Felder und Ernten, Scheunen und Häuser. Voll der Reue, kam er für alle Schäden auf und zog sich von 1322 an in eine Grotte zurück, wo er Buße tat und Kranke pflegte.

Zu Ehren des Einsiedlers wurde im 18. Jahrhundert eine bezaubernde Wallfahrtskirche errichtet. Sie schmiegt sich mit ihrer goldgelben Barockfassade an die Felswand, verschmilzt fast mit ihr. Nur eine einsame Dattelpalme scheint Wache zu halten. Vom schmiedeeisernen Tor mit der Aufschrift »Porta Coeli« (Himmelstor) führt ein von üppigem Grün überwucherter Weg fast meditativ darauf zu.

An einer Stelle des Weges geht eine steile, direkt in den Felsen gehauene Treppe hinauf zur Grotte des San Corrado. In ihr befinden sich ein Altar und ein Felsblock, der dem Einsiedler als Schlafstätte diente. Leicht verstaubt wirkt das kleine Museum, in dem nach Themen geordnete Votivgaben ausgestellt sind: Gewänder, Gold und Silber, Bilder, Beine und Arme aus Holz, Reliquien – alles Dankesgaben von Gläubigen, die nach ihrem Besuch ein »Wunder« erlebten.

Adresse Contrada Lenaza Vacche 3, 96017 San Corrado di Fuori | Anfahrt von Noto kommend auf der SS 287 den Ort durchfahren, am Ortsausgang nach einer scharfen Kurve links die Abzweigung zur Contrada Lenza Vacche nehmen, alternativ alter Pilgerweg von der Kreuzung Via Don Orione/Contrada San Corrado abwärts | Öffnungszeiten täglich 8.30–12 und 15–18 Uhr | Tipp Von San Corrado di Fuori erreicht man Noto Antica in etwa 15 Autominuten über die SS 287 und die SP 64. Noto lag einst auf einem Hochplateau, das mächtige Stadttor und die Mauerreste des Castello Reale sind eindrucksvolle Zeugen. Neben den Ruinen überblickt man hier auch die imposante Schlucht Cava Carosello.

93 Die Insel Mozia

Wo Whitaker Reste einer phönizischen Stadt fand

Auf einem unwirtlichen Eiland in Sichtweite von Marsala steht der »Jüngling von Mozia«, eine rund 2.500 Jahre alte Marmorstatue mit einem ausgesprochen fein gearbeiteten Faltenwurf. Er ist das Hauptstück des »Museo Giuseppe Whitaker« auf der einst von den Phöniziern besiedelten Insel. Seine Bedeutung erklärt sich vor dem Hintergrund, dass über die Phönizier, jenes geheimnisvolle Seefahrervolk, das in vorchristlicher Zeit Fernhandel betrieb und den Mittelmeerraum besiedelte, nur wenig bekannt ist. Feindliche Heere zerstörten fast alle ihre Städte und überbauten ihre Ruinen. Anders in »Motya«: Als im Jahr 379 vor Christus der Tyrann Dionysios von Syrakus die Handelsstadt dem Erdboden gleichmachte, wurde sie ihrem Schicksal überlassen. Und so schlummern im kargen Boden seltene Zeugnisse aus phönizischer Zeit.

Entdeckt wurden die Schätze vor gut 120 Jahren von Joseph Whitaker, einem sizilianisch-britischen Ornithologen. Whitakers Familie war mit süßem Marsala-Wein reich geworden. Um die Vogelwelt auf dem nahe gelegenen Inselchen studieren zu können, kaufte Whitaker es 1888 kurzerhand. Die historischen Relikte, die er dort überraschend vorfand, sollten sein archäologisches Interesse wecken. Ausgrabungen brachten eine Nekropole, ein rechteckiges Kothon-Becken und ein Haus mit Kieselsteinmosaik zum Vorschein. Noch heute kann man Archäologen bei ihren Grabungen über die Schulter schauen. Die wichtigsten der bisher gemachten 10.000 Funde – Inschriften, Fragmente, Terrakotten, Gefäße und Keramik – sind im Museum ausgestellt.

Zur Insel führt eine kurze Bootsfahrt mitten durch die Salinen der Lagune, die in allen Farbnuancen von Rosa bis Weiß schimmern. Wer genau hinsieht, erkennt auch einen Streifen Land knapp unter der Meeresoberfläche. Es handelt sich um eine Straße, die einst die Nordseite mit dem Festland verband, heute aber vom seichten Wasser der Lagune überspült wird.

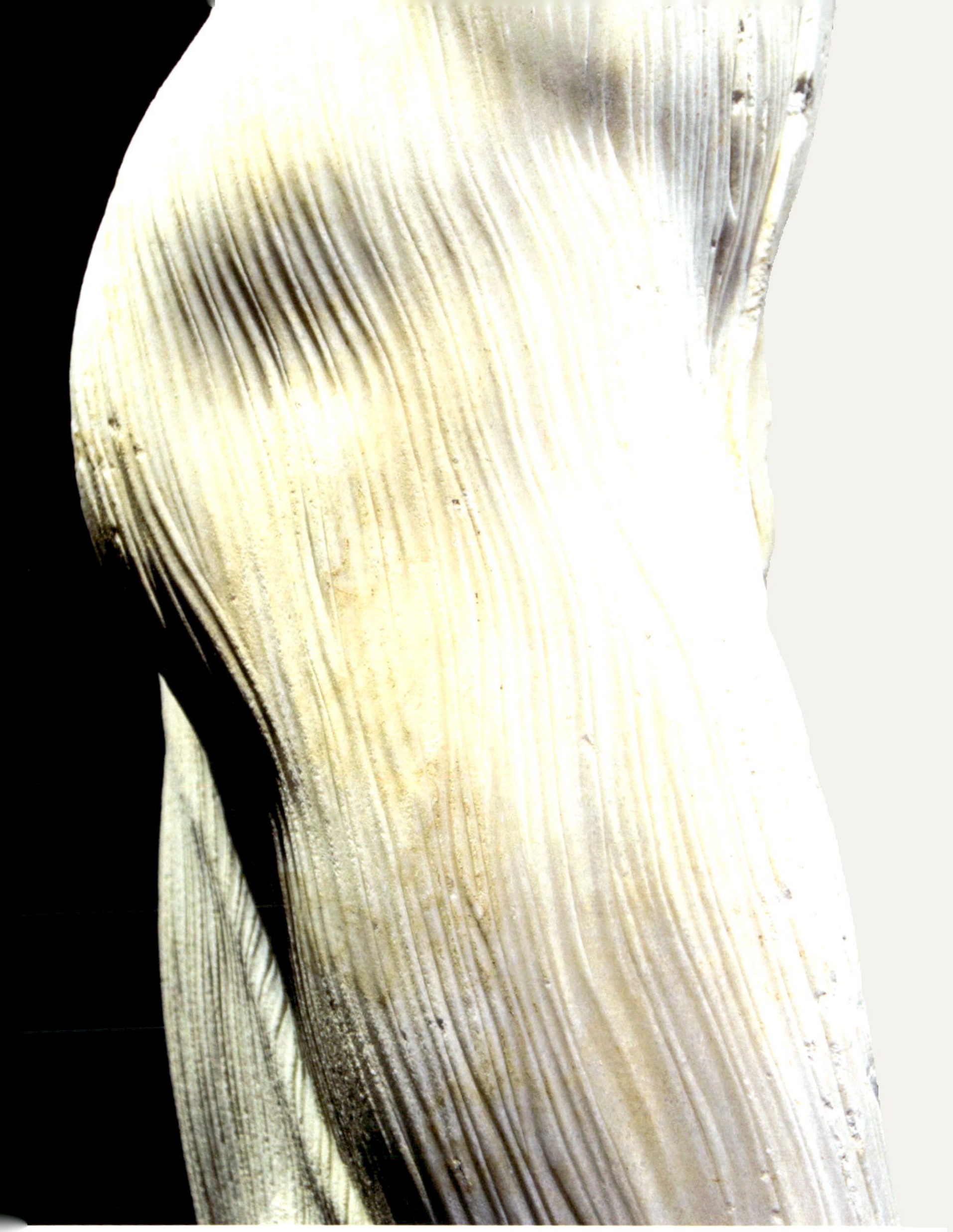

Adresse Mozia, 91025 Marsala | Anfahrt von der SP 21 auf die Küstenstraße abbiegen und ans Ufer der Lagune Lo Stagnone fahren, zwei Fähranleger: Contrada Ettore Infersa oder Contrada Spagnola; Besuch der Insel kostenpflichtig, Alternative für Naturliebhaber: eine Lagunentour | Öffnungszeiten täglich 10–14 und 15–19 Uhr (Sommer), 9–15 Uhr (Winter) | Tipp San Pantaleo ist die größte der vier Isole dello Stagnone. Alle sind der Küste von Marsala vorgelagert und können mit Fähren umrundet werden. »Lo Stagnone« (der Weiher) ist eine große Flachwasserlagune und eignet sich perfekt, um Kitesurfen zu lernen.

94 Das Zingaro-Reservat

Ein unberührtes Küstenparadies mit Höllenschlund

Schicke und weniger schicke Sommerresidenzen verschandeln seit dem Bauboom der 1970er Jahre Siziliens schönste Küstenstreifen. In Lo Zingaro kam es glücklicherweise anders: Als auch hier eine Luxussiedlung hochgezogen werden sollte, demonstrierten die Menschen zu Tausenden. Bald knickte die Regierung ein. 1981 wurde das Gebiet als erstes der Insel unter Schutz gestellt. Die Riserva Naturale Orientata dello Zingaro entwickelte sich zu einem 1.600 Hektar großen Paradies.

Ein Tunnel zeugt noch von dem gescheiterten Bauvorhaben. Er war für den Asphaltzubringer bereits in den Berg getrieben worden. Wer ihn durchquert, taucht aus der Welt der Zivilisation in die Welt der wilden Natur ein, in der das Grün an den orangenen Felsflanken üppig wuchert. Wo stille Buchten aus weißen Kieseln von fast unwirklich türkisfarbenem Meerwasser umspült werden. Mit Wegen, die von Zwergpalmen und Orchideen gesäumt sind, wo Zikaden zirpen und Wanderfalken rasten und wo alte Schäferhütten als Museen vom Landleben zeugen.

Der schönste Wanderweg ist der »Sentiero Costiero«, der auf sieben Kilometern an sieben bezaubernden Buchten vorbeiführt. Hervorzuheben ist der Abschnitt zwischen der Cala Tonnarella dell'Uzzo und der Cala dell'Uzzo, die den Blick auf ein Meer freigibt, in dessen Tiefen sich eine bunte Unterwasserwelt aus Anemonen, Schwämmen und Sternkorallen verbirgt. In entgegengesetzter Richtung, an Land, klafft die Grotta dell'Uzzo wie ein Höllenschlund in einem Felsmassiv. Die 20 Meter hohe Höhle ist das Relikt einer Magmablase eines längst erloschenen Vulkans.

Archäologen fanden hier Skelette und Werkzeuge aus der Jung- und Mittelsteinzeit und noch ältere Überreste von Mammut, Nashorn und Löwe. Leider verweisen nur Informationstafeln vor der Höhle auf das prähistorische Erbe. Betreten darf man sie nicht. Aber in Lo Zingaro, wo man die Natur in Ruhe lässt, sollte es auch nicht anders sein.

Adresse 91010 San Vito Lo Capo (Nordeingang) | Anfahrt zwei Zugänge zum Reservat, Start der Küstenwanderung am Haupteingang im Süden (Scopello) über die SP 63, gezielter Besuch von Cala und Cava dell'Uzzo am besten durch den ebenfalls über die SP 63 erreichbaren Nordeingang | Öffnungszeiten täglich 7–19.30 Uhr | Tipp Im Süden schließt sich malerisch die Bucht der Tonnara di Scopello an. Die rote Thunfischfabrik, deren älteste Gebäude aus dem 13. Jahrhundert stammen, dient heute als Museum und Ferienvilla. 350 Meter entfernt kann man im »Panificio di Stabile e Anselmo« (Via Galluppi 5) *Pane Cunzatu* probieren, mit Olivenöl, Tomaten und Sardellen belegte Brotfladen aus dem Holzofen.

95__Der Parco Paternò

Seltene tropische Pflanzen auf einem Lavastrom

Ettore Paternò del Toscano war ein hingebungsvoller Pflanzenliebhaber. Ende der 1960er Jahre beschloss er, als Autodidakt mit dem Anbau exotischer Pflanzen zu experimentieren. Als Standort wählte Paternò ein außergewöhnliches Stück Land: drei Hektar auf einem erkalteten Lavastrom.

Bei einem Ätna-Ausbruch 1440 wälzte sich ein glühender Lavafluss talwärts in Richtung Catania. Der Legende nach wurde die Lava durch einen aus dem Grab der Märtyrerin Agatha aufsteigenden Seidenschleier abgelenkt. An das Wunder von Catanias Schutzheiliger erinnert eine Kapelle im Ort Sant'Agata Li Battiati, in der viele Gläubige ihre Kinder taufen lassen.

Der auf ebendiesem Lavastrom kultivierte Parco Paternò gliedert sich in zwei Bereiche: einerseits Tropenvegetation, andererseits mediterraner Wald. Ein Parkspaziergang gleicht einer Weltreise. Von Mexiko bis zu den Kapverden, von den Kanaren über Indien und Brasilien bis nach Australien haben exotische Arten auf den Wölbungen, Aufwerfungen und Spalten der Lava eine neue Heimat gefunden. Über 40 Palmensorten wechseln sich mit tropischen und subtropischen Arten ab. Zwischen den Lavabrocken wachsen Agaven und Yuccas, aber auch seltene Gewächse wie die Klippendattelpalme aus Indien oder ein *Encephalartos ferox*, eine als »lebendes Fossil« bezeichnete Palmfarn-Art, an deren Blättern vermutlich schon die Dinosaurier knabberten.

Dann gibt es den mediterranen Wald. Eichen, Kastanien, Lorbeer, Myrte und Granatapfel gedeihen zwischen üppigen Farnen. Entlang der Waldwege liegen Teiche mit Seerosen. Bei der Führung, die Paternòs Enkelin Stena jeden Sonntag anbietet, begleitet einen das Plätschern des Wassers, das mit Hilfe des traditionellen arabischen Bewässerungssystems durch Kanäle fließt. Im Grunde erinnern nur die Sitzbänke mit Majolika-Fliesen, dekorativen *Teste di Moro* und Pinienzapfen aus Keramik daran, dass wir uns noch auf Sizilien befinden.

Adresse Via Roma 61, Sant'Agata Li Battiati | Anfahrt über E 45, von Sant'Agata Li Battiati über SP 8ii-iv | Öffnungszeiten So ab 10 Uhr oder nach Vereinbarung, nur nach Anmeldung unter Tel. +39/348/3308910 oder per E-Mail an info@parcopaternodeltoscano.it; im Park auch Yogakurse, Malkurse und Botanik-Workshops, auf Anfrage zudem Picknicks | Tipp Wenn man von Catania den Umweg über die Küstenstraße SS 114 fährt, liegt das lange durch Vandalismus beschädigte »Monumento ai Caduti« wie ein verwirrtes Raumschiff am Lungomare. Die »Monu Gallery« weiß das unliebsame Kriegsdenkmal perfekt zu nutzen, mit wechselnden Ausstellungen lokaler Künstler.

96 Die Uralt-Kastanie

Diese riesige Edelkastanie ist 3.000 Jahre alt

Ihr Alter wird auf 2.000 bis 4.000 Jahre geschätzt: Damit wäre diese Edelkastanie einer der ältesten Kastanienbäume der Welt. Ein Wunder, wenn man bedenkt, was sie alles überstanden hat, seit sich ihr Spross noch vor der Ankunft der Griechen auf Sizilien zum ersten Mal aus dem Boden reckte.

Der »Castagno dei Cento Cavalli« (Kastanienbaum der 100 Pferde) breitet sein grünes Blätterdach am Nordosthang des Ätna in der Nähe der Stadt Sant'Alfio aus. Ein gewisser Don Pietro Carrera berichtete 1636 zum ersten Mal von einem Baum »mit einem mächtigen Stamm, der 30 Pferde fassen konnte«. Der Stamm war damals wie ausgehöhlt, sodass Schafe, Ziegen und Hirten darin Unterschlupf fanden. Wahrscheinlich befand sich sogar einmal eine Hütte darin, wie ein Gemälde von Jean-Pierre Houël im Pariser Louvre andeutet.

Bemerkenswert ist nicht nur ihr Methusalem-Alter, rekordverdächtig ist auch ihre Größe: Das Guinnessbuch der Rekorde führt die Edelkastanie als dicksten Baum der Welt, wenn auch auf der Basis einer Messung von 1780, die damals einen Umfang von 57,9 Metern ergab. Seit einem Erdrutsch ist der Stamm inzwischen in drei Teilstämme mit 13, 20 und 21 Metern Umfang gespalten. Als Zweifel aufkamen, ob es sich denn tatsächlich um einen Baum oder nicht doch um drei handelt, ließ der Fernsehsender Rai 1 eine DNA-Probe analysieren. Damit war bewiesen: Die Kastanie ist tatsächlich ein einziges stattliches Exemplar.

Seinen Namen verdankt der Castagno dei Cento Cavalli einer schlüpfrigen Legende. Eine Königin – je nach Lesart Johanna I. von Anjou, Johanna von Aragon oder Isabella von England – wurde während der Treibjagd von einem Gewitter überrascht. Mit ihren 100 Reitern suchte die Edeldame Schutz unter den ausladenden Ästen des mächtigen Kastanienbaums. Dort verbrachte sie die Nacht, und der eine oder andere Ritter, so heißt es, holte ihr die Sterne vom Himmel.

Adresse Via Castagno 100 Cavalli, 5, 95010 Sant'Alfio | Anfahrt über die SP 84 | Tipp Vom Weg zur Kastanie zweigen mehrere Wanderpfade ab. Einer führt durch einen urigen Haselnusswald *(nocciole)*. Nur wenige Gehminuten entfernt steht eine weitere Riesenkastanie, der »Castagno della Nave«, dessen Form an einen Schiffsrumpf erinnert. Und im Ortskern von Sant'Alfio überrascht die Kirche Sant'Alfio a Vara mit einer eigenwilligen, weil frei stehenden Fassade aus schwarzem Lavastein.

97__Das Teatro di Andromeda

Ein Theater ganz im Zeichen des Andromeda-Nebels

Lorenzo Reina ruhte bei seinen Schafen auf der Weide, als er in einem Buch las, dass nach Berechnungen von Astronomen in etwa zwei Milliarden Jahren die Andromeda-Galaxie mit unserer Milchstraße kollidieren dürfte. Der junge Schäfer fasste einen Entschluss: Genau hier, auf einem Plateau im Herzen der Monti Sicani, wo man nicht nur den Sternenhimmel, sondern auch den Himmel auf Erden einzufangen scheint, würde er ein Theater bauen, das Andromeda, diesem großen Mythos und Sternbild, huldigt.

Vor mehr als 30 Jahren legte der Schäfer den Grundstein. Seitdem baut er Tag für Tag, Stein für Stein und nur mit seinen Händen an einer Freilichtbühne im Stil eines Amphitheaters. Mehrmals im Jahr bespielen Musiker, Schauspieler und Tänzer die Bühne des »Teatro di Andromeda«. Die Zuschauer sitzen auf 108 roten Steinwürfeln, deren Anordnung in dem ellipsenförmigen Theater willkürlich erscheint. In Wirklichkeit entsprechen sie genau den Lichtern des Andromeda-Nebels. Tiefschwarz wie das Weltall ist der Boden aus Lavagestein, blendend weiß wie der Mond leuchtet die Bühne.

Lorenzo Reina lebt seit seiner Kindheit in dieser hügeligen Agrarlandschaft. Als Jugendlicher wollte er Bildhauer werden. Nach dem Tod seines Vaters übernahm er den Hof, doch zwischen den weidenden Schafen las er Bücher über Philosophie, Kunst und Astronomie. Nachts meißelte er bei Fackelschein Skulpturen aus Alabaster. Seine gewaltigen Figuren wurden zu einem festen Bestandteil des Freilichttheaters. Jede Steinskulptur, vom gefallenen Ikarus bis zum klaffenden Mund, durch den das Licht strömt, hat eine metaphysische Bedeutung. In der Dämmerung wandern die Schatten über die Bühne und erzeugen theatralische Lichtspiele, die kein Scheinwerfer künstlich erzeugen könnte. So wurde die »Fattoria dell'Arte«, diese »Farm der Kunst«, auf der XVI. Architekturbiennale von Venedig zu Recht als architektonisches Unikat zelebriert.

Adresse Contrada Rocca, 92020 Santo Stefano Quisquina, www.teatroandromeda.it | Anfahrt von Santo Stefano Quisquina auf der SS118 bis zur Gabelung, rechts auf die SP 26 und der Beschilderung folgen | Öffnungszeiten täglich 10–12.30 und 14–19.30 Uhr, Tickets für Vorstellungen über die Website buchbar; Besuch ggf. ankündigen unter Tel. +39/376/0428723 oder per E-Mail an fattoriadellarte@gmail.com | Tipp Die Chiesa di Santa Maria della Neve in Lercara Friddi – dem Geburtsort von Frank Sinatras Vater – beherbergt in ihrer Krypta rund 400 Weihnachtskrippen aus aller Welt. Die Sammlung ist in der Vorweihnachtszeit zugänglich.

98 Sizilien in Miniatur

Im »Kontiland« die Insel an nur einem Tag ablaufen

Was wären Marlon Brando und Al Pacino ohne Francis Ford Coppolas »Paten«? Das Epos von 1972 machte die beiden Schauspieler weltberühmt – und Sizilien gleich mit, inklusive folkloristischer, schlimmstenfalls idealisierender Mafia-Klischees. Den Schauplatz Corleone gibt es tatsächlich. Gedreht wurde aber nicht dort, sondern in der Kleinstadt Savoca. Hier befindet sich die Hochzeitskirche San Nicolò der Filmfiguren Michael und Apollonia, und ein paar Meter den Panoramaweg entlang sammeln sich Bustouristen aus Taormina in der »Bar Vitelli«.

Aber Savoca hält mehr Überraschungen bereit. Gleich neben der Bar führt eine schmale Straße zum »Kontiland«, wo man die komplette Insel an einem Tag ablaufen kann. Der Schöpfer dieses Siziliens im Kleinformat ist Giuseppe Lo Conti. Seit gut 20 Jahren baut der ehemalige Maurer auf einem terrassierten Hang Miniaturen bedeutender Monumente nach, mittlerweile sind es über 30. Die Nachbildungen im Maßstab 1:15 bis 1:50 bestehen wie die Originale aus ortstypischem Stein, Lehm und Zement. »Bei meiner Arbeit schaue ich mir Katasterkarten und Fotos an«, erzählt Lo Conti. »Dann fahre ich vor Ort und überprüfe die Maße.« Selbst die Lage der Modelle ist realitätsnah.

So gelangt man mit wenigen Schritten vom Meer in die Berge, von den Städten in die Dörfer. Schlendert am Theater von Taormina vorbei, bestaunt den Dom von Messina, überblickt die Tempel von Agrigent, entdeckt den Kreuzgang der palermitanischen Chiesa di San Giovanni degli Eremiti. Wie ein Reiseführer begleitet Giuseppe die Besucher und weiß aufschlussreiche Anekdoten zu erzählen.

Das Ganze hat etwas von einer Modelleisenbahn unter freiem Himmel. Hier und da hakt die Mechanik oder blättert die Farbe ab. Dafür ist es im Sommer, wenn der Park auch spätabends offen ist, besonders stimmungsvoll, begleitet vom Duft des Holunders, auf Sizilianisch *savucu*, daher der Ortsname.

Adresse Via Rina Inferiore, 98038 Savoca | Anfahrt in Savoca an der Bar Vitelli links auf die SP 21 | Öffnungszeiten Di–So 9–17 Uhr, im Sommer auch 18–23 Uhr | Tipp Gegenüber der Bar Vitelli erinnert eine Statue an Francis Ford Coppola, den Regisseur des »Paten«: die Silhouette eines Kameramanns, dessen polierte Oberfläche die Landschaftsszenerie widerspiegelt. Die Esel, die hier manchmal vorbeitraben, gehören zur »Godfather Donkey Trekking Tour«. Vom Eselrücken aus erkundet man die Drehorte, aber auch Katakomben und Kirchen auf alten Maultierpfaden (www.borgoborghese.com).

99 Das verwunschene Schloss

Wo der »verrückte Filippo« Tausende Köpfe meißelte

Östlich von Sciacca kann man das »Castello Incantato« besuchen, wobei von einem »verwunschenen Schloss« genau genommen keine Rede sein kann. Auf einem kargen Stück Land am Hang des Monte Kronio starren den Besucher mehr als 3.000 kantige Gesichter an, in Kalkstein gemeißelt und in die Stämme knorriger Oliven- und Mandelbäume gehauen. Es sind ausdruckslose Gesichter und riesenhafte Köpfe, manche zu Wolkenkratzern oder Fischen verformt. Sie alle sind das Werk von Filippo Bentivegna. Er schuf sich dieses Volk, sprach mit ihm und regierte es als »Signore«. Für seine Nachbarn war Bentivegna ein harmloser, exzentrischer Spinner. Trafen sie ihn im Dorf, nannten sie ihn »Sua Eccellenza«. Er bestand darauf, was er mit einem Stock, den er wie ein Zepter trug, zum Ausdruck brachte.

Bentivegnas Arbeit wird heute als »Art brut« klassifiziert, was Werke autodidaktischer, oft am Rand der Gesellschaft, in Gefängnissen oder psychiatrischen Anstalten lebender Künstler meint. Ein Dutzend seiner Werke sind in der »Collection de l'Art Brut« in Lausanne ausgestellt. Wie so oft, steht hinter Bentivegnas künstlerischem Schaffen ein Trauma.

Die Armut der Familie zwang ihn 1913 als jungen Mann, wie zwei seiner Brüder nach Amerika auszuwandern. Für einige Jahre fand er Arbeit, erst in New York, dann in Boston bei einer Eisenbahngesellschaft. Über diese Zeit ist nicht viel bekannt, nur Wandmalereien in seiner Hütte zeugen davon. Was dann geschah? Eine unglückliche Affäre, ein Rivale in Liebesdingen, Ärger mit der Mafia, raunten die Leute. Sicher ist, dass Bentivegna heftige Schläge auf den Kopf abbekam und dabei eine derart schwere Hirnverletzung erlitt, dass er fortan als unzurechnungsfähig galt. Er entwickelte eine Amnesie, aber offenbar auch eine Inselbegabung. Als Bentivegna nach Sciacca zurückkehrte, tat er nichts anderes, als fünfzig Jahre lang fanatisch Köpfe und immer wieder Köpfe zu meißeln.

Adresse Via Fondo Bentivegna 16, 92019 Sciacca | Anfahrt von der SS 115 oder der SP 76 auf die Via Enrico Ghezzi fahren | Öffnungszeiten täglich 9.30–20 Uhr | Tipp Sciacca will bei Besuchern alle fünf Sinne ansprechen und ermöglicht dafür außergewöhnliche Erlebnisse mit Einheimischen: Man kann mit verbundenen Augen eine Bootstour wagen, einen Schäfer begleiten oder Korallenschmuck herstellen (Informationen unter www.sciacca5sensi.it). Immer einen Besuch wert ist die mit Majolika verzierte Zickzack-Treppe auf Höhe Lungomare Cristoforo Colombo 7 rechts vom Restaurant.

100_Carmelos Wohnhöhle

So lebten früher Großfamilien auf engstem Raum

Unbekannter als seine aufpolierten Nachbarn Noto, Ragusa Ibla und Modica, zieht das kleine Scicli wenige Besucher an, was ihm einen ruhigen Charme verleiht. Sein Zentrum ist ein harmonisches Barockensemble voller Zierfiguren und Steinblumenranken. Wer jedoch die edlen Palazzi hinter sich lässt, verliert sich in einem Gassengewirr, das sich an steilen Felshängen emporzieht. Hier lernt man ein anderes, archaisches Scicli kennen.

Scicli schmiegt sich in eine Schlucht, eingerahmt von einem hohen Felsmassiv, auf dessen Kamm die Chiesa di San Matteo über die Bewohner wacht. Je weiter man läuft, desto mehr Häuser wurden erkennbar vor den Eingängen zu Höhlen gemauert. Es sind die modernen Ausläufer der Chiafura, einer Höhlensiedlung, in der Hunderte Grotten neben- und übereinander den Karsthang durchlöchern.

Zu einer dieser Wohnhöhlen öffnet Carmelo Raimondo, genannt Ron Carmelu, die Tür. Auf engstem Raum lebte hier sein Großvater mit Familie: sechs Kinder, zwei Erwachsene. Spärlich fällt Tageslicht durch das einzige Fenster über der Küche, durch das der Rauch des Holzofens abzog. Auf einem Backbrett kneteten die Frauen einmal in der Woche Brotteig. An den zerklüfteten Wänden hängen Kalebassen für Oliven und Wein, Fotos sowie das Nötigste aus Holz, Keramik und Stroh. Carmelo tippt mit einem Stock auf jedes Detail und weiß lebhaft von einem Sizilien zu erzählen, das es so nicht mehr gibt.

Im alten Esel- und Hühnerstall leuchten heute ganzjährig die Lichter einer Weihnachtskrippe. »Die Terrakottafiguren stammen aus Caltagirone, alles andere ist von meinem Sohn und mir«, sagt Carmelo, »die Hütten, das Ochsengeschirr, der Brunnen, aus dem das Wasser plätschert.« Zum Abschied sollte man ihn zum traditionellen *tuppètturu* herausfordern: einem Spiel mit gedrechseltem Holzkreisel, den Carmelo mit einer Schnur so gekonnt auf den Boden wirft, dass er das zweifellos schon als Kind hier gespielt hat.

Adresse Parco Archeologico Chiafura, Via Timponello 37, 97018 Scicli | Anfahrt links vor der Chiesa di San Bartolomeo den Treppenweg Via Testasecca nehmen, rechts in die Via Loreto | Öffnungszeiten täglich 9.15 – 12.45 und 14.30 – 19 Uhr (Sommer), 14.30 – 17 Uhr (Winter), besser vorher anrufen unter Tel. +39/329/0695482; Chiafura selbst momentan nicht zugänglich | Tipp Von der Chiesa di San Matteo auf dem höchsten Punkt Sciclis blickt man bis zum überraschend nahen Meer. Kaum zehn Kilometer entfernt liegen die Sandstrände und Felsbuchten von Donnalucata, Cava d'Aliga und Sampieri sowie der Surfspot Marina di Modica. Wie unter Freunden isst man abends im »Le Gioie« (Via Aleardi 5).

101 Die Höhlenburg

Eine Trutzburg im Innern eines gewaltigen Felsens

Die Höhlenburg von Sperlinga ging mit der »Sizilianischen Vesper« in die Geschichte ein. Das war ein Volksaufstand, der am Ostermontag 1282 ausbrach und zur Vertreibung des französischen Herrscherhauses Anjou führte. Während es überall auf der Insel zu Massakern kam, gewährte Sperlinga als einziger Ort den geschassten Franzosen Zuflucht. Daran erinnert eine lateinische Inschrift im Burghof: »Sperlinga allein lehnte ab, was Sizilien billigte.«

Sperlinga sitzt wie trotzig auf einem Felssporn, mit dem Wehrbau am höchsten Punkt. Ab 1082 haben die Normannen die Burg aus dem scharf abfallenden Sandsteinmassiv herausgeschrotet: Lagerräume, Gefängnisse, Zisternen und Stallungen liegen im Innern des Felsblocks. Eine steile Treppe, deren Stufen sichtbar ausgetreten sind, führt außen auf den Burgfelsen. Von hier aus lässt sich durch die Zinnen der dicken Mauern das ganze Tal überblicken.

Nicht nur die Festung verschmilzt mit dem gewaltigen Felsklotz. Das ganze Dorf ist eins mit dem Berg. Über seine Flanken verteilen sich rund 50 Höhlen, die durch ins Gestein gemeißelte Wege und Stufen miteinander verbunden sind. Die meisten Höhlen entstanden bereits in byzantinischer Zeit und dienten zunächst als Nekropolen, ehe sie zu Behausungen umfunktioniert wurden. Noch bis in die 1960er Jahre waren sie bewohnt, seither stehen fast alle leer oder finden als Viehstall Verwendung. Erst in jüngster Zeit lassen Blumen und Klingelschilder vor einzelnen Türen darauf schließen, dass hier wieder Familien leben. Für Besucher hat die Gemeinde mehrere Höhlen am Fuße der Festung als Museum eingerichtet.

Selbst sprachlich ist Sperlinga eine Art letzte Bastion. Die nur rund 700 Einwohner sprechen »Gallo-italico di Sicilia«, einen von Einwanderern aus der Lombardei geprägten Dialekt, den selbst viele Sizilianer nur mit Mühe verstehen. So ist der ganze *borgo* ein Symbol des Widerstandsgeistes.

Adresse Largo Castello, 94010 Sperlinga | Anfahrt über die SS 120, ab Ortseingang der Beschilderung folgen, an der Burg einzelne Parkplätze, alternativ weiter unten in der Via Valle | Öffnungszeiten täglich 9–19 Uhr | Tipp Knapp eine Autostunde südlich liegt der Nabel Siziliens: Enna markiert den geografischen Mittelpunkt und ist mit 930 Metern zudem die höchstgelegene Provinzhauptstadt Italiens. Besonders schön ist die Aussicht vom Santuario di Papardura, einer kleinen Kirche, die sich in den Hang direkt unterhalb der Neustadt schmiegt (Via Santuario di Papardura).

102 Der Dom von Ortigia

Wo Kathedrale und Athena-Tempel eins sind

In der Antike galt Syrakus als einzige Stadt, die es mit Athen aufnehmen konnte. Archimedes soll hier nackt durch die Straßen gelaufen sein, um seinen Heureka-Moment zu feiern, Dichter und Philosophen wie Aischylos und Platon lehrten hier. Während andernorts die Antike in Ruinen liegt, ist sie in Syrakus allgegenwärtig und verschmilzt mit dem barocken Stadtbild.

Eindrücklichstes Beispiel ist der Dom: Wer vor seinem Altar steht, wähnt sich zugleich im 2.500 Jahre alten Athena-Tempel, den die Griechen nach einer siegreichen Schlacht gegen Karthago bauten. Als Ringhallentempel mit 36 dorischen Säulen war er Athene geweiht, der Göttin der Weisheit, des Krieges und der Künste, die hier 1.000 Jahre lang über die Stadt wachte und die Seefahrer in den Hafen geleitete.

Als die Römer kamen, plünderten sie alle Kunstschätze. Im Laufe der Jahrhunderte verwandelten die Byzantiner den Tempel in eine Kirche, die Araber in eine Moschee, die Normannen wieder in eine Kirche. Mal wurden dabei Säulen zugemauert, mal neue Durchbrüche geschaffen, bis der Dom im 18. Jahrhundert seine Barockfassade erhielt.

Die Säulen stützen standhaft auch das heutige Gotteshaus. Zuletzt hat man einige freigelegt, wodurch man im Mittelschiff wieder die Cella, den Hauptraum des Tempels, erkennt. An der Außenwand links wölben sich vier wuchtige Säulen zur Piazza Minerva hin, von acht weiteren sind die Kapitelle sichtbar.

Der Dom steht im Herzen der Altstadt, einer vorgelagerten Insel namens Ortigia. Sie wird die »weiße Perle« genannt: Wie der Dom sind die Piazza und die Palazzi davor aus blendend weißem Kalkstein gefertigt, der zusammen mit dem Blau des Meeres, das am Ende jeder Gasse durchblitzt, für ein unvergleichliches Licht sorgt. Spätestens zur »blauen Stunde« füllt sich die Piazza Duomo mit Familien und Paaren auf ihrer *passeggiata*, wobei das Licht der Laternen und Restaurants im hellen Pflaster schimmert.

Adresse Piazza Duomo 5, 96100 Syrakus | Anfahrt zwei kleine Brücken zwischen Ortigia (verkehrsberuhigte Zone) und Syrakus, Parkplätze im Brückenbereich, zum Beispiel »Talete« beim Markt oder »Molo Sant'Antonio« | Öffnungszeiten Mo–Sa 8.30–19 Uhr (Sommer), 9–17.30 (Winter) | Tipp Rechts vom Dom verzweigen sich unter der Erde Gänge bis zur Marina. Früher ein Hypogäum, dienten die Tunnel im Zweiten Weltkrieg als Luftschutzkeller, wie beklemmende Fotos zeigen. Zur Stärkung empfiehlt sich die umso lebhaftere alte Marktstraße Via Emanuele de Benedictis und dort der »Caseificio Borderi«, bekannt für seine turmhoch belegten *panini*.

103 Die Katakomben

In diesem unterirdischen Labyrinth malte Caravaggio

Die Stimme der Stille ist nirgendwo lauter zu hören: Die labyrinthartigen Katakomben von Syrakus sind nach denen von Rom die größten Italiens. Sie gliedern sich in die Katakomben von Santa Lucia, Vigna Cassia und San Giovanni, die alle tief unter der Erde in den Felsen gehauen wurden und über eigene Eingänge verfügen.

Von der Basilica di San Giovanni ragen nur noch Mauerreste in die Höhe, aber die Säulenfassade mit der filigranen Rosette macht sie zu einem Schmuckstück unter freiem Himmel. Eine Treppe führt unter die Erde und versetzt einen in frühchristliche Zeit zurück. In der Cripta di San Marciano befindet sich ein Altar, an dem im Jahr 61 der Apostel Paulus gepredigt haben soll. Daran schließt sich ein ausgedehnter Gewölbekomplex an, mit Kapellen, Fresken und rund 10.000 Nischengräbern.

Die zweite sehenswerte Katakombe ist die von Santa Lucia. Sie durchzieht den Untergrund von Borgata, einem Viertel, das an Ortigia grenzt, aber noch nicht auf Hochglanz poliert den authentischen Alltag verkörpert. Gläubige Syrakusaner pilgern hier zur Grabkammer der Stadtheiligen. Lucia ist zweifellos eine der am meisten verehrten Heiligen Italiens, aber interessanterweise auch Schwedens und anderer nordischer Länder.

Lucias Nische ist allerdings leer. Die Gebeine der Märtyrerin wurden 1038 nach Konstantinopel und 1204 nach Venedig überführt, wo sie bis heute ruhen. Um der Vorstellungskraft auf die Sprünge zu helfen, wurde unter ihrer Nische ein Schrein aus Glas aufgestellt, in dem eine Lucia aus weißem Marmor ruht. Außerdem hängt links eine recht dürftige Kopie von Caravaggios Spätwerk »Begräbnis der Hl. Lucia«. Das monumentale Original prangt in keinem Museum, sondern als Altarbild in der Basilika, einem achteckigen, halb in den Boden eingelassenen Tempel. Es heißt, Caravaggio habe, als er 1608 die Rundbogennische im Hintergrund malte, entweder Lucias Grab oder die Krypta kopiert.

Adresse San Giovanni: Piazzale San Marziano 5, Santa Lucia: Piazza Santa Lucia 1, 96100 Syrakus | **Anfahrt** Abzweigungen jeweils vom Viale Teocrito | **Öffnungszeiten** in der Regel täglich 9.30–12.30 und 14.30–17.30 Uhr, Santa Lucia So geschlossen, Besichtigung nur mit Führung, Infos unter www.kairos-web.com | **Tipp** Das Archäologische Museum »Paolo Orsi« im Viale Teocrito 66 ist eines der umfangreichsten archäologischen Museen Europas. Die gut aufbereitete Sammlung enthält 18.000 Exponate aus dem Osten Siziliens von der Frühgeschichte bis in die Spätantike.

104 Die Latomia

Ein kubistischer Steinbruch als Kulisse für Tragödien

Säße man nicht auf den Steinstufen des Amphitheaters, die griechische Tragödie würde einen vom Hocker reißen. Hinter den riesengroßen Kulissen taucht die Sonne ins Meer, während der Nachthimmel sich wie ein mit Sternen bestickter Baldachin über die Bühne spannt. Im selben Amphitheater, in dem Dramatiker wie Aischylos ihre Werke uraufführten und später Gladiatoren ihre Schlachten schlugen, können noch heute 15.000 Zuschauer erstklassig inszenierte Stücke erleben.

Das Theater ist nur einer der Höhepunkte des Parco Archeologico della Neapolis. Wenn keine Aufführungen stattfinden, dringen gelegentlich Stimmen aus südöstlicher Richtung herüber. Sie kommen vom bekannten »Ohr des Dionysos«, einer 23 Meter hohen, s-förmig gewundenen Höhle. Ihre Wände werfen das Echo so verstärkt zurück, dass man draußen selbst ein Flüstern deutlich hört. Der Legende nach konnte der Despot Dionysios auf diese Weise seine Gefangenen belauschen. In Wirklichkeit diente die Schallverstärkung wohl religiösen Zwecken.

Die künstliche Höhle gehört zur Latomia del Paradiso, dem größten von zehn Steinbrüchen im antiken Stadtgebiet. Heute von Feigen und Farnen überwuchert, wurden hier die weißlich-gelben Kalksteinquader für den Bau der Stadt herausgebrochen.

Viele kehren am Ohr des Dionysos um. Doch man sollte noch ein Stück weitergehen zur Grotta dei Cordari. Sie ist nach 40 Jahren erst seit Kurzem wieder zugänglich. Der Name leitet sich von den Handwerkern ab, die hier bis Anfang der 1980er Jahre Seile aus Hanf und anderem Naturstoff sponnen. Als würde man ein kubistisches Kunstwerk betreten, hängen schwere Steinblöcke in riesigen rechtwinkligen Stufen von der Decke. Je nach Lichteinfall schimmern die Kuben, mit Moos und Flechten bewachsen, rosa, blassgrün oder dunkelgrün. Hollywood fand die ganze Atmosphäre surreal genug, um im Park Szenen für die neueste »Indiana Jones«-Abenteuersaga zu drehen.

Adresse Via del Teatro Greco, 96100 Syrakus | Anfahrt am nördlichen Ende des Corso Gelone links auf Viale Augusto mit einzelnen Parkplätzen, alternativ Parkplatz Viale Giuseppe Agnello 1 beim Hintereingang; Ticketoffice an der Kreuzung Via Ettore Romagnoli/Viale Augusto | Öffnungszeiten täglich 8.30–16.40 Uhr, Mitte Mai–Ende Juni Griechisches Theaterfestival, teils auch Aufführungen auf Englisch, Tickets unter www.indafondazione.org/biglietteria | Tipp Im Norden führt der Radweg »Rossana Maiorca« mit ungestörtem Meerblick an der Steilküste entlang. Unten rauscht die Brandung in den Meeresgrotten, die fast alle Bootsausflüge von Ortigia aus zum Ziel haben. Die Route führt vom Monumento ai Caduti d'Africa über sieben Kilometer zur antiken Tonnara di Santa Panagia.

105 Der Leuchtturm

In Plemmirio lauscht man dem Schnaufen des Meeres

Wenn die See rau wird, hört man am Capo Murro di Porco *u sciusciuni* – das »Schnaufen des Meeres«. Der Wind peitscht die Gischt gegen die Felsen, »die so steil zum Meer abfallen, dass man den Eindruck hat, der ganze Berg wolle auf einen herabstürzen«, wie der Bildhauer Camillo Camilliani 1584 schrieb. Die schäumenden Wellen dringen in die Risse der Steilküste ein und schießen meterhoch durch die Spalten empor. Ein faszinierendes Naturphänomen, bei dem Wasserfontänen entstehen, die an Geysire erinnern. Die in den Spalten komprimierte Luft entweicht mit einem sonoren, prustenden Geräusch: *u sciusciuni*.

Auf den Kalksteinklippen trotzt ein achteckiger Leuchtturm von 1859 der Brandung. Er wirkt vernachlässigt, ist aber in Betrieb und wirft seinen weißen Lichtstrahl über 30 Kilometer weit in die Nacht. Wer hier einsam auf den Felsen sitzt, überblickt das Meeresschutzgebiet Plemmirio, in das sich die Spitze der Halbinsel Maddalena mit dem Leuchtturm schiebt.

Alles an diesem Ort ist auf eine schöne Art unwirtlich. Im Meer können Schnorchler eine reiche Unterwasserwelt erkunden, mit Solitärkorallen, Schwämmen und riesigen Zebramuscheln, der größten Muschelart des Mittelmeers. An Land führt ein fast zehn Kilometer langer Küstenpfad durch Wildblumen, Macchia und Zwergpalmen zu stillen Buchten.

Auf der Wanderung vom Leuchtturm in Richtung Norden fällt der »Scoglio dell'Elefante« ins Auge, eine Felszinne, deren Form an einen Elefantenkopf erinnert, dessen Rüssel im Meer versinkt. Weiter geht es über einen Abschnitt mit weißen Kreidefelsen bis zur Bucht von Massolivieri mit goldfarbenem Sand und Steilhang. Auf der anschließenden Landzunge Punta della Mola stören Reste von Marinebunkern die friedliche Szenerie. Wenige hundert Meter weiter führen Stufen zur Strandbucht von Minareto – wo nach so viel unberührter Natur das erste Luxushotel wartet und der Leuchtturm weit weg erscheint.

Adresse Strada Capo Murro di Porco, 96100 Syrakus | Anfahrt auf der SP 110 bis zum Zufahrtsweg zum Leuchtturm, ab hier zu Fuß weiter, mehrere Zugänge *(varchi)* vom Rand des Naturschutzgebietes, etwa vor der Bucht von Massolivieri (Varco 34) oder Minareto (Varco 35) | Tipp Südlich des Leuchtturms bietet das gepflegte »Lido Varco 23« Brunch, *aperitivo* oder mehrgängige Menüs an. Zum Sonnenbaden kann man sich sowohl auf aufgeschüttetem Sand als auch auf einer grünen Wiese ausstrecken. Über flache Felsen gelangt man ins glasklare Wasser (Strada Capo Murro di Porco 192).

106 Die Madonnen-Träne

Eine brutalistische Kirche aus Stahlbeton

1961 umkreist Juri Gagarin als erster Mensch die Erde, 1969 betritt Neil Armstrong als Erster den Mond. Das Wettrennen um die Eroberung des Weltraums beeinflusst als Space-Age-Ästhetik nicht nur Design und Kunst, sondern auch die Architektur. Es entstehen Betonkonstruktionen wie aus einem Science-Fiction-Film.

Der Baustil ist als »Brutalismus« bekannt. Die meisten assoziieren ihn vor allem mit den futuristischen Brachialbauten der Sowjet-Architektur. Dabei kommt der Begriff nicht vom deutschen Wort brutal, sondern vom französischen béton brut, was »roher Beton« bedeutet. Der Reiz, den manche dieser Bauten in all ihrer Scheußlichkeit auf den Betrachter ausüben, lässt sich schwer beschreiben. Man spürt: So sah die Zukunft früher aus.

Ein faszinierendes Relikt des Brutalismus ist das Santuario della Madonna delle Lacrime, 1957 entworfen und 1994 fertiggestellt. Die größte Wallfahrtskirche Siziliens wirkt wie ein Ufo, das direkt neben den Ruinen des antiken Syrakus gelandet ist und die Silhouette der Neustadt dominiert. Erst auf den zweiten Blick erkennt man die Form, die die jungen französischen Architekten Michel Andrault und Pierre Parat womöglich eigentlich im Sinn hatten: Sie schufen eine Träne, die vom Himmel auf die Erde tropft. Immerhin beherbergt der Sakralbau das Gipsbild einer Madonna, die im Sommer 1953 geweint haben soll, als sie Zeugin einer schweren Schwangerschaft wurde. Mindestens 58-mal flossen die Tränen, die die Kurie analysieren ließ und als »menschenähnlich« klassifizierte.

Auf die wundertätige Marienstatue treffen in der 11.000 Gläubige fassenden Kirche alle Lichtlinien, die strahlenförmig in den Andachtsraum fließen. Die Krypta versammelt Krücken, Korsetts und Dankesbriefe. Alles an diesem 103 Meter hohen »Monster aus Stahlbeton«, so die gängige zeitgenössische Kritik, wirkt widersprüchlich: hochmodern und wie aus der Zeit gefallen.

Adresse Via del Santuario 33, 96100 Syrakus | Anfahrt mehrere Eingänge, Haupteingang an der Ecke Piazza della Vittoria/Via Giuseppe Testaferrata | Öffnungszeiten täglich 7.30–12.30 und 15.30–19.30 Uhr, So bis 20.45 Uhr | Tipp Archimedes wurde 287 vor Christus in Syrakus geboren. Wie die von ihm ertüftelten Wurfmaschinen und Katapulte genau funktionierten, zeigt der »Tecnoparco Museo di Archimede« im Viale Giuseppe Agnello 26 anhand von Modellen. Ein Freiluftpark zum Ausprobieren und mit engagierten Führern, die zum Beispiel mit Parabolspiegeln zündeln.

107 Die Mikwe

Ein altes Tauchbad bezeugt Ortigias jüdisches Erbe

Eine Mikwe ist im Judentum ein Tauchbad, das der rituellen Reinigung von Seele und Geist dient. Ihr Aufbau ist immer gleich: sieben Stufen führen in ein mit 500 Litern Wasser gefülltes Becken. Das Wasser muss »lebendig«, also natürlichen Ursprungs sein. Bisweilen werden 20 Meter tiefe Schächte gegraben, um das Grundwasser oder eine Wasserquelle anzuzapfen.

Eines der ältesten und besterhaltenen jüdischen Bäder Europas liegt unter einem Hotel in Ortigia. Rund um die Piazza del Precursore erstreckt sich ein Viertel, das treffend La Giudecca heißt, »jüdisches Viertel«. Um die 5.000 Juden lebten hier einst in Häusern mit Innenhöfen, in deren Mitte Palmen und Zitrusbäume standen. Anfang 1492 fand Ortigias jüdisches Leben ein jähes Ende. Ein Edikt der spanischen Krone ordnete die Vertreibung aus allen Territorien an, Syrakus gehörte dazu. Die spanischen Machthaber gingen rigoros vor, sodass aus dieser Zeit so gut wie nichts erhalten geblieben ist: Sie rissen die Synagogen nieder oder überbauten sie, die Bäder wurden zugeschüttet. Zum Gedenken hängen im Viertel unter den Marmortafeln der Straßennamen heute Plaketten mit den hebräischen Namen.

Vor rund 30 Jahren kaufte Amalia Daniele einen Palazzo in der Altstadt, um ihn zu einem Hotel umzubauen. Bei den Arbeiten stieß man auf einen zugemauerten Durchgang. Die Wand wurde eingerissen. Nachdem Steine und Schutt entfernt waren, kam ein enges, steiles Treppengewölbe zum Vorschein. Etwa 50 Stufen führen 18 Meter hinab in einen großen Raum mit drei wassergefüllten Becken, die von derselben Quelle gespeist werden wie die Fonte Aretusa. Recherchen zufolge bestätigen eine Urkunde von 1496 sowie Inschriften, dass bei San Giovanni Battista, der gotischen Kirche ohne Dach und mit asymmetrisch gesetzter Rosette, im frühen Mittelalter Ortigias Synagoge stand. Neuerdings vollziehen Konvertiten in der antiken Mikwe wieder ihre Aufnahme in die Gemeinschaft.

Adresse Via Gian Battista Alagona 52, 96100 Syrakus | Anfahrt zwei kleine Brücken zwischen Ortigia (verkehrsberuhigte Zone) und Syrakus, Parkplätze im Brückenbereich, zum Beispiel »Talete« beim Markt oder »Molo Sant'Antonio«, Mikwe unter dem Hotel »Alla Giudecca« | Öffnungszeiten täglich 10–13 und 15–18.30 Uhr, Besichtigung alle 30 Minuten | Tipp Am Lungomare auf Höhe der *bagni* kann man über Felsen ins Meer steigen, im Sommer wird am Forte Vigliena ein *solarium* aufgebaut, eine Plattform aus Spanholzplatten auf einem Gerüst über dem Wasser. Ein paar Schritte weiter südlich liegt die Kieselsteinbucht Cala Rossa, von hier ist es nicht mehr weit zum 800 Jahre alten Castello Maniace an Ortigias äußerster Südspitze.

108 Die Opera dei Pupi

In dieser Werkstatt erwachen Marionetten zum Leben

Als es weder Zeitung noch Fernseher gab, überlieferten Straßensänger und Wandererzähler die großen Sagen, die ein Volk zusammenhält. Auf Sizilien entstand daraus die »Opera dei Pupi«, eine Oper mit handgefertigten Marionetten. Viele Stücke folgen der Handlung des »Orlando furioso«, einer heroisch-komischen Version des »Rolandsliedes«: Paladine, also normannische Edelritter, erobern Sizilien von den Sarazenen zurück. Mit vollem Körpereinsatz lassen die Spieler ihre Marionetten in Blechrüstungen, edlem Gewand und glänzendem Schmuck kämpfen und lieben. Bei den Schlachtszenen stampfen sie kräftig mit den Füßen auf die Bretterbühne und sorgen so für donnernden Kampflärm. Das Publikum jubelt den Guten zu und buht die Bösen aus.

Eine Aufführung ist faszinierend, ein Blick hinter die Kulissen fast noch mehr. Etwa 45 Tage brauche jede Figur von der Skizze bis zur Bühnenreife, erzählt Daniel Mauceri in seinem Atelier. Der junge Mann gehört zur fünften Generation der Puppenspielerfamilie Vaccaro-Mauceri. Zwischen Regalen voller Marionetten, Werkzeugen und Stoffen formt der *puparo* Gesichter aus Pappmaschee oder klopft feinste Muster in Blech, es riecht nach Holz, Naturleim, Tempera und Farbe. Seine Puppen stehen in der Tradition der Ostküste, sind so groß wie ein Kleinkind und wiegen bis zu 30 Kilo. Die aus Palermo sind kleiner, aber gelenkiger.

Daniels Bruder Alfredo betreibt gegenüber das Puppentheater mit Museum. Seine Kompanie ist überregional bekannt dafür, alte Stücke mit einem Augenzwinkern neu zu interpretieren, wie skurrile Schlumpfpuppen oder eine Adaption des *cinema peplum*, eines italienischen Filmgenres der 1960er Jahre, bezeugen. Daniel und seine Eltern halten die Tradition hoch und reisen wie früher von Stadt zu Stadt. Das märchenhafte Grundgerüst ist überall gleich: Vor einer Burgkulisse kämpfen tapfere Prinzen und furchtlose Ritter gegen Bösewichte, Hexen und Fabelwesen.

Adresse Via della Giudecca 17/19, 96100 Syrakus, www.teatrodeipupisiracusa.it | Anfahrt zwei kleine Brücken zwischen Ortigia (verkehrsberuhigte Zone) und Syrakus, Parkplätze im Brückenbereich, zum Beispiel »Talete« beim Markt oder »Molo Sant'Antonio«; Aufführungen gegenüber im »Teatro dei Pupi Alfeo«, Museum an der Piazza San Giuseppe | Tipp Neben traditioneller Kultur hat Syrakus eine aufregend junge Kreativszene, beflügelt durch internationale Musiker wie Erlend Øye und Marcin Oz. Man trifft sich zum Beispiel auf *Fritto misto* und Thunfisch-Burger bei »Cappuccio Pesce Fresco« am Markt. Wer Vinyl-Schätze sucht, wird im lässigen Plattenladen »Malamore« in der Via Resalibera 2 fündig, wo am Wochenende DJs auflegen.

109__Wilder Papyrus

Den Fluss Ciane entlangwandern wie am Nil

Am frühen Morgen liegt noch feiner Nebel über dem Fluss Ciane. Ein kleines Holzboot gleitet zwischen Eukalyptusbäumen und Zitrushainen den schmalen Wasserlauf entlang. Hier und da fliegen Vogelschwärme auf, Frösche quaken, die ersten Sonnenstrahlen bahnen sich ihren Weg durch Schilf und Lilien. Nach und nach kommen die ersten Papyruspflanzen zum Vorschein. Neugierig recken sie ihre zart gefiederten Köpfe den Besuchern entgegen.

Weltweit gibt es nur zwei Flüsse, an denen Papyrus wild wächst: den berühmten Nil in Ägypten und den weitgehend unbekannten Ciane auf Sizilien. Die ersten Stauden waren vermutlich ein Geschenk der alten Ägypter an den Tyrannen Hieron II. vor über 2.000 Jahren. Seitdem wuchern die Rohrstauden entlang des Baches und erreichen mit ihren langen grünen Stielen Höhen von bis zu vier Metern.

Der Ciane mündet südöstlich der Stadt Syrakus ins Meer. Ein etwa halbtägiger Spaziergang führt durch die üppigen Auen bis zur mystischen Quelle, wobei romantische Holzbrücken den Übergang vom einen Ufer zum anderen ermöglichen. Der Sage nach entstand der Fluss, nachdem Persephone von Hades geraubt und in die Unterwelt entführt worden war. Ihre Freundin, die Nymphe Ciane, löste sich vor Kummer in Tränen auf, die noch heute die Quelle speisen: ein beschauliches Becken mit klarem tiefblauem Wasser.

Besonders zauberhaft wirkt die grüne Oase, wenn man sie vom Wasser aus erkundet. Besucher können in Syrakus Boote, Kanus oder Kajaks mieten und die rund zwei Kilometer lange, mäandernde Strecke von der Mündung bis zur Quelle zurücklegen. Dort angekommen, lädt das Café des hübschen Agriturismo »Papyrus« zur Stärkung ein. Oder man packt Rotwein, Käse und Brot in den Rucksack und macht unterwegs an einem schönen Plätzchen im Halbschatten Rast – inmitten der friedlichen Schwemmebene, in der es manchmal scheint, als würde gleich Ramses II. persönlich um die Ecke biegen.

Adresse 96100 Syrakus | Anfahrt von Syrakus auf der SS 115 Richtung Cassibile, nach Überquerung der Brücken über die Flüsse Anapo und Ciane rechts in die Strada Mammaiabica einbiegen, folgt dem Verlauf des Kanals, Picknickplatz nach einer Linkskurve und einer weiteren Brücke, nach circa 200 Metern Start des Wanderwegs; alternativ der Beschilderung an der SR 3 zur Quelle folgen | Tipp »L'Angolo del Papiro« beim Archäologischen Park ist der einzige verbliebene Handwerksbetrieb, der nach jahrtausendealter Technik Papier aus Papyrus herstellt. Angelo Mortellaro führt die aufwendige Produktion vor, während sich Hühner, Gänse, Enten und Katzen auf dem Hof herumtreiben (Via Giuseppe Agnello 11).

110 Die Grotta delle Colombe

Halsbrecherische Stufen führen zur Meeresgrotte

Eine Traumbucht – aber nur für Schwindelfreie. Wie ein Kegel erhebt sich der Felsvorsprung über der »Grotta delle Colombe«, einer Meeresgrotte in der Baia di San Cataldo. Steile Steintreppen scheinen förmlich ins Meer zu stürzen, während sie sich in Windungen an den Felskegel krallen. Es wäre allzu verständlich, auf halbem Weg umzukehren. Doch wer festes Schuhwerk trägt (keine Flipflops!) und sich die steilen Stufen zutraut, sollte sich nicht abschrecken lassen.

Der Weg zur Grotta delle Colombe – oder für Einheimische »A rotta di Palummi« – beginnt am unscheinbaren Kiesstrand. Rechter Hand befindet sich ein verlassenes Gebäude, das dem Vernehmen nach ein beschlagnahmtes Mafia-Restaurant war. Links vorbei führt ein Pfad über Sand und Geröll bis zu einer Trockenmauer mit Durchgang. Dahinter ist schon die erste schmale Treppe zu sehen, deren baufällige Stufen aufs Felsmassiv leiten. Ohne Geländer zum Festhalten geht es durch Gestrüpp, das stellenweise den Weg versperrt, an manchen Ecken quellen Plastikreste aus illegal entsorgten Müllsäcken. Oben angekommen, steht man erst einmal verdutzt vor einem Weltkriegsbunker.

Den lässt man hinter sich. Über steile Treppen geht es auf der anderen Seite wieder hinunter. Eine halsbrecherische Biegung hier, ein bröckelnder Tunnel dort, bis man endlich auf einem ummauerten Plateau über dem Meer um Fassung ringt ob der Schönheit. Das Wasser ringsum ist klar und nicht sehr tief. Vereinzelt paddeln Schnorchler vorbei. Es ist ja auch verlockend: Wer in die Grotte schwimmt, kann an besonders flachen Stellen stehen und das Spiel von Licht und Schatten in Ruhe auf sich wirken lassen. Allerdings raten Schilder vom Baden ab. Denn das Flüsschen Nocella, das in der Nähe ins Meer mündet, ist durch Industrieabwässer verschmutzt. Bleibt zu hoffen, dass die Bucht eines Tages besser gepflegt wird. Erste Vereine setzen sich bereits für ihren Schutz ein.

Adresse SS113, 90049 Terrasini | Anfahrt Parkplatz an der SS 113, ab hier der Beschilderung »Grotta delle Colombe« folgen, auch Cala Munetti genannt, in der Baia di San Cataldo zwischen Trappeto und Terrasini, für die Besteigung der Treppe einen Stock vom Strand mitnehmen; nicht für Kinder und Gehbehinderte geeignet | Tipp In Terrasini regiert die Liebe. Die Piazzetta Belvedere wurde in »Piazza degli Innamorati« umbenannt, die großen LOVE-Buchstaben und ein Brunnen aus einem zusammengenähten Herzen am Lungomare sowie ein Wandgemälde mit zwei Engelsflügeln sind beliebte Motive bei Instagram-Romantikern.

111 Fotos von Robert Capa

Wo ein großer Kriegsreporter ikonische Bilder schuf

10. Juli 1943: Die Alliierten landen auf Sizilien, um den Faschismus und die Nationalsozialisten in Europa zurückzudrängen. Robert Capa, einer der größten Fotojournalisten aller Zeiten, begleitet die 1. Infanteriedivision der US-Armee bei ihrem Vorstoß von Agrigent ins Hinterland. Auf dem Sizilienfeldzug entsteht eines seiner emblematischsten Bilder. Die Aufnahme zeigt einen alten Schäfer im Gespräch mit einem US-Soldaten, der neben ihm hockt. Mit einem langen Stock deutet der Hirte in die Richtung, in der sich die Nazi-Besatzer verschanzt haben. Sein Name war Francesco Coltiletti, er begegnete dem Soldaten in der hügeligen Weidelandschaft um Sperlinga.

Das Foto ist auf den 4./5. August 1943 datiert. Zu dieser Zeit fand die erbitterte Schlacht von Troina statt. In der strategisch wichtigen Stadt führte die Wehrmacht ein Rückzugsgefecht in der Hoffnung, die Alliierten so lange aufzuhalten, bis die Evakuierung ihrer Kameraden aus Messina abgeschlossen wäre.

Capa sah vom eigentlichen Kampfgeschehen vor allem Rauchwolken. Dafür konzentrierte er sich auf die Auswirkungen des Krieges. Er traf auf traumatisierte Menschen, die das tagelange Sperrfeuer überlebt hatten, fotografierte die Zerstörung, das Leid, später die Freude über die Befreiung. Capa gab dem Grauen ein Gesicht. »Wenn deine Bilder nicht gut werden, warst du nicht nah genug dran«, lautete sein Motto, das die zwei Jahre nach Kriegsende von ihm mitgegründete Fotoagentur Magnum prägen sollte.

Seit 2021 präsentiert das Robert-Capa-Museum 62 Aufnahmen unter dem Titel »Fragments of War in Sicily«. Die meisten Abzüge stammen direkt aus dem International Center of Photography in New York. Aber es sind auch einige bislang unveröffentlichte Fotos darunter, sogar eines mit dem heutigen Museumsgebäude. Diese Ausstellung zeigt eindrücklich, wie tief sich die Schlacht in das Gedächtnis der Stadt gegraben hat.

Adresse Via Conte Ruggero 1, 94018 Troina, www.robertcapatroina.it | Anfahrt am besten das Auto weiter unten stehen lassen und zu Fuß zum Belvedere della Piazza Conte Ruggero, Museum vor der Piazza rechter Hand | Öffnungszeiten Di–So 10–13 und 17–20 Uhr | Tipp Das Foto mit dem Schäfer soll Capa in den Feldern um Capostrà aufgenommen haben. Eine Gedenktafel mit dem Motiv befindet sich in einer Einbuchtung an der SS 120 zwischen Gangi und Nicosia. Im Regionalmuseum hängt ein Bild von Tizian, über dessen Echtheit heftig gestritten wird. Und über Troina spannt sich der schönste Sternenhimmel Süditaliens, offiziell bestätigt von »Astronomitaly«.

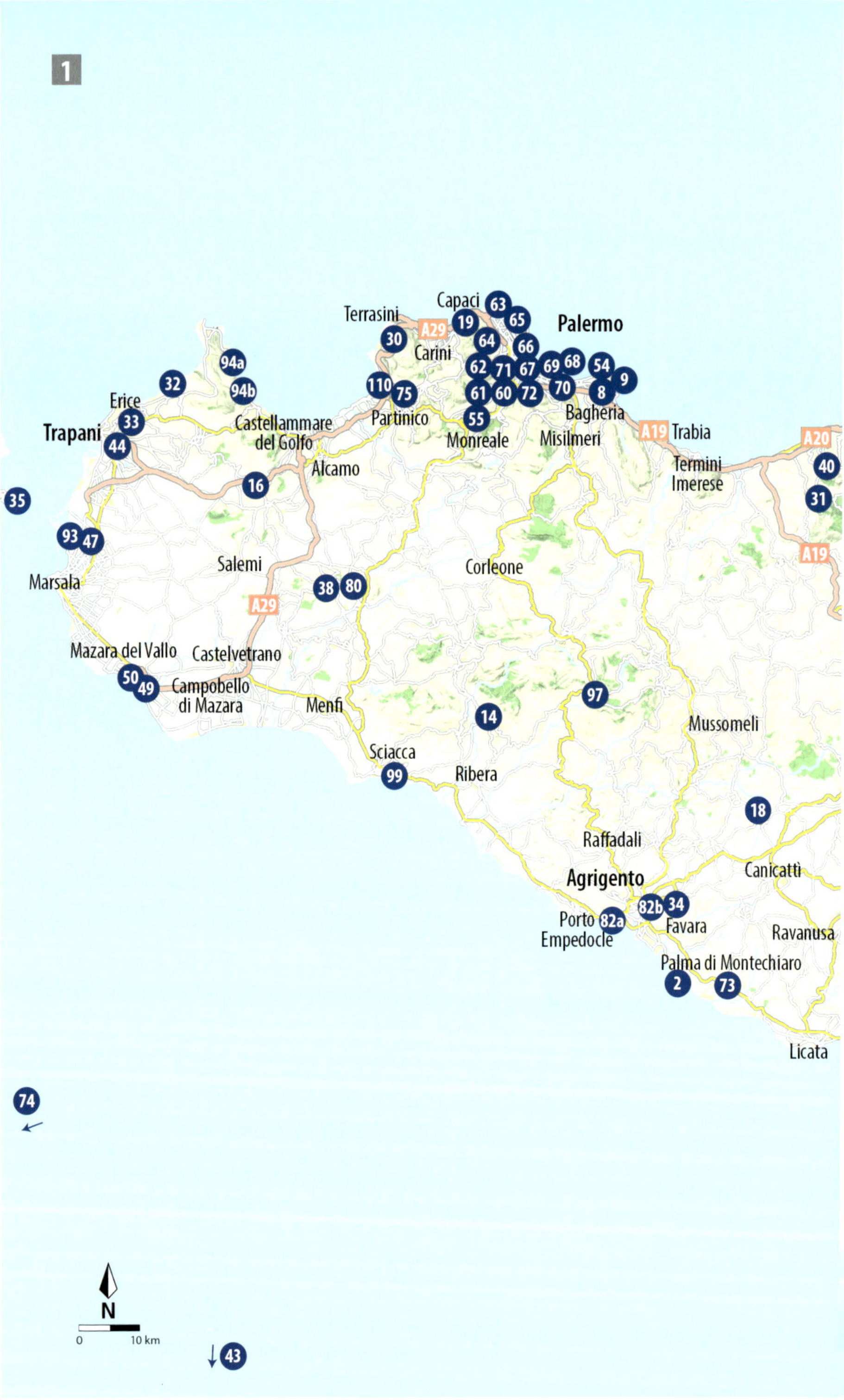

1
Palermo
Capaci
Terrasini
Carini
Partinico
Monreale
Bagheria
Misilmeri
Trabia
Termini
Imerese
Erice
Trapani
Castellammare
del Golfo
Alcamo
Salemi
Marsala
Corleone
Mazara del Vallo
Castelvetrano
Campobello
di Mazara
Menfi
Sciacca
Ribera
Mussomeli
Raffadali
Agrigento
Canicattì
Porto
Empedocle
Favara
Ravanusa
Palma di Montechiaro
Licata
A29
A19
A20
N
0
10 km

Lipari
Milazzo
Messina
Capo d'Orlando
Patti
Barcellona
Pozzo di Gotto
A20
Sant'Agata
di Militello
Cefalù
A18
Randazzo
Bronte
Taormina
Mascali
Giarre
Nicosia
Adrano
Biancavilla
Pedara
Leonforte
Acireale
Belpasso
Aci Castello
Enna
A19
Paternò
Misterbianco
Catania
Caltanissetta
Ramacca
Barrafranca
Piazza
Armerina
Palagonia
Mazzarino
Scordia
Lentini
Riesi
Caltagirone
Augusta
Francofonte
Grammichele
Priolo
Gargallo
Niscemi
Floridia
Gela
Syrakus
Acate
Vittoria
Comiso
Noto
Avola
Ragusa
Santa Croce Camerina
Modica
Rosolini
Ispica
Scicli
Pozzallo
Pachino

Daria Rizzello
111 Orte in Apulien, die man gesehen haben muss
ISBN 978-3-7408-1860-9

Jörg Dauscher
111 Orte in Bozen, die man gesehen haben muss
ISBN 978-3-7408-1897-5

Gisela Hopfmüller, Franz Hlavac
111 Genüsse in Friaul und Julisch Venetien, die man probiert haben muss
ISBN 978-3-7408-2022-0

Insa Hohmann, Katharina Hohmann, Fritz von Klinggräff
111 Orte am Lago Maggiore, die man gesehen haben muss
ISBN 978-3-7408-2118-0

Giulia Castelli Gattinara
111 Orte in den Dolomiten, die man gesehen haben muss
ISBN 978-3-7408-1972-9

Gianni Montieri, Anna Toscano
111 Orte in Venedig, die man gesehen haben muss
ISBN 978-3-7408-1986-6

Federico Meloni, Jana Meloni
111 Orte auf Sardinien, die man gesehen haben muss
ISBN 978-3-7408-1997-2

Ulrich Kohlmann
111 Weinorte in der Toskana, die man gesehen haben muss
ISBN 978-3-7408-1741-1

Beate C. Kirchner
111 Orte in Florenz und im Norden der Toskana, die man gesehen haben muss
ISBN 978-3-7408-1630-8

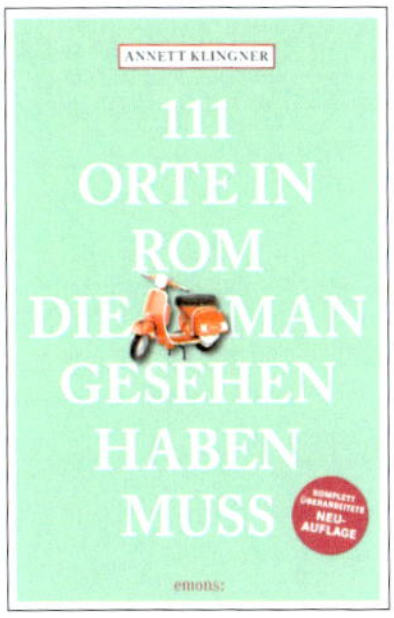

Annett Klingner
111 Orte in Rom, die man gesehen haben muss
ISBN 978-3-7408-1628-5

Peter Eickhoff
111 Südtiroler Gasthäuser, die man kennen muss
ISBN 978-3-7408-0137-3

Christoph Schrahe,
Stefan Herbke, Thomas Biersack
111 Skipisten, die man gefahren sein muss
ISBN 978-3-7408-1600-1

Beate Giacovelli
111 Orte am Comer See, die man gesehen haben muss
ISBN 978-3-7408-1201-0

Max Fleschhut
111 Orte auf Elba, die man gesehen haben muss
ISBN 978-3-7408-0587-6

Franz Hlavac, Gisela Hopfmüller
111 Orte in Friaul und Julisch Venetien, die man gesehen haben muss
ISBN 978-3-7408-0575-3

Petra Sophia Zimmermann
111 Orte am Gardasee und in Verona, die man gesehen haben muss
ISBN 978-3-95451-344-4

Natalino Russo
111 Orte in Neapel, die man gesehen haben muss
ISBN 978-3-7408-0478-7

Alessandro Martini,
Maurizio Francesconi
111 Orte in Langhe, Roero und Monferrato, die man gesehen haben muss
ISBN 978-3-7408-0474-9

Marx de Morais
111 Orte in Turin und im Piemont, die man gesehen haben muss
ISBN 978-3-95451-736-7

Fabrizio Ardito
111 Orte auf Malta, die man gesehen haben muss
ISBN 978-3-7408-0356-8

Veronika Wengert
111 Orte in Slowenien, die man gesehen haben muss
ISBN 978-3-7408-1083-2

Ranka Keser
111 Orte in Kroatien, die man gesehen haben muss
ISBN 978-3-7408-0557-9

Maria Tsoukis
111 Orte auf Korfu, die man gesehen haben muss
ISBN 978-3-7408-1065-8

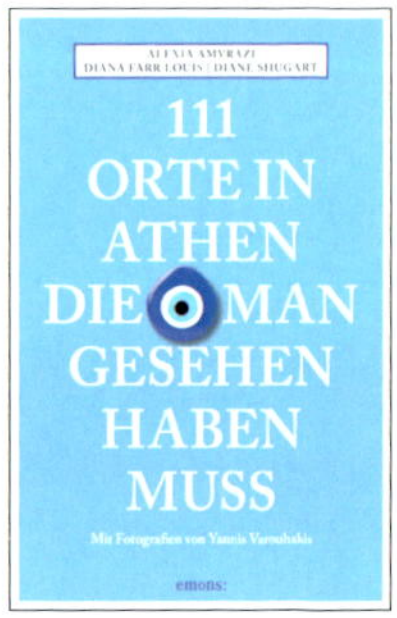

Alexia Amvrazi, Diana Farr Louis, Diane Shugart
111 Orte in Athen, die man gesehen haben muss
ISBN 978-3-7408-0560-9

Cornelia Ziegler
111 Orte auf Kreta, die man gesehen haben muss
ISBN 978-3-95451-540-0

Andreas Drouve
111 Orte im Baskenland, die man gesehen haben muss
ISBN 978-3-7408-2023-7

Robert Zsolnay
111 Orte auf Ibiza und Formentera, die man gesehen haben muss
ISBN 978-3-7408-1979-8

Rüdiger Liedtke
111 Orte auf Mallorca, die man gesehen haben muss
ISBN 978-3-7408-2239-2

Sabine Kiesewein, Carl Lang
111 Orte auf Fuerteventura, die man gesehen haben muss
ISBN 978-3-7408-1973-6

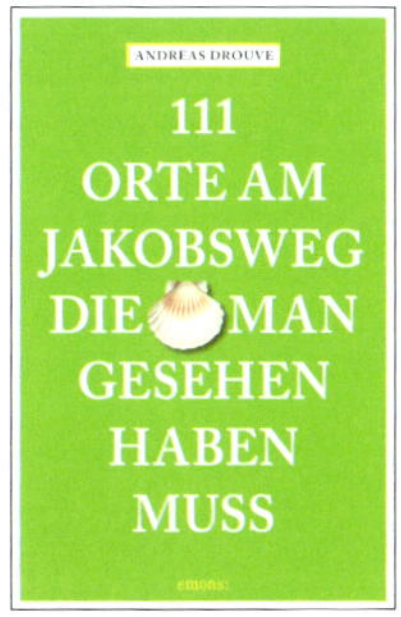

Andreas Drouve
111 Orte am Jakobsweg, die man gesehen haben muss
ISBN 978-3-7408-1092-4

Rolando Grumt Suárez
111 Orte in Barcelona, die man gesehen haben muss
ISBN 978-3-7408-0994-2

Rolando N. Grumt Suárez
111 Orte auf El Hierro, die man gesehen haben muss
ISBN 978-3-7408-0846-4

Carl Lang
111 Orte auf Lanzarote, die man gesehen haben muss
ISBN 978-3-7408-0836-5

Rolando G. Suárez
111 Orte auf Gran Canaria, die man gesehen haben muss
ISBN 978-3-7408-0436-7

Sibylle von Kapff,
Gerhard von Kapff
111 Orte auf Teneriffa, die man gesehen haben muss
ISBN 978-3-95451-916-3

Kirsten Lux, Lisa Graf-Riemann
111 Orte auf La Palma, die man gesehen haben muss
ISBN 978-3-7408-0345-2

Ralf Nestmeyer
111 Orte an der Côte d'Azur, die man gesehen haben muss
ISBN 978-3-7408-2020-6

Ralf Nestmeyer
111 Orte in der Provence, die man gesehen haben muss
ISBN 978-3-7408-1960-6

Marcus X. Schmid
111 Orte in der Bretagne, die man gesehen haben muss
ISBN 978-3-7408-1880-7

Marcus X. Schmid
111 Orte im Herzen des Jura, die man gesehen haben muss
ISBN 978-3-7408-1364-2

Hilke Maunder
111 Orte in Toulouse, die man gesehen haben muss
ISBN 978-3-7408-1091-7

Kay Walter
111 Orte am Canal du Midi, die man gesehen haben muss
ISBN 978-3-7408-1086-3

Martin Roos, Jean-Claude Bourgueil
111 Orte in der Champagne, die man gesehen haben muss
ISBN 978-3-7408-1084-9

Evelyn Pschak
111 Orte in den Pyrenäen, die man gesehen haben muss
ISBN 978-3-7408-0562-3

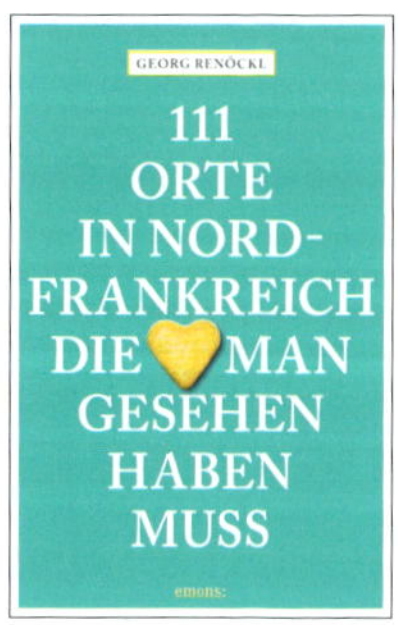

Georg Renöckl
111 Orte in Nordfrankreich, die man gesehen haben muss
ISBN 978-3-7408-0559-3

Fotonachweis

© der Fotografien: Eileen Stiller und Simone Arcidiacono, außer: Ort 1, 7, 10, 46, 56, 77: Chiara - Claire in Sicily; Ort 9 (oben), 65, 101: Roberta - In Sicilia con me; Ort 47, 61, 66, 67, 70, 80, 94 (oben): Francesco Montesarchio; Ort 2: iStock/fokkebok; Ort 4: unsplash/Giuseppe Gallo; Ort 6: shutterstock/Andrei Molchan; Ort 8: Nino Rizzo; Ort 14: Ian Wilkinson; Ort 18: Mattia Curione; Ort 20: istock/wirestock; Ort 21: shutterstock/Emily Wilson; Ort 22: istock/Alessandro Flavio Bruno; Ort 25: shutterstock/Lucky Team Studio; Ort 26: istock/RuslanKaln; Ort 27: istock/Em Campos; Ort 28 (unten): istock/Roberto Lo Savio; Ort 29: istock/steffie82; Ort 30: Mara Manzella; Ort 31: Michele Gargano; Ort 32: shutterstock/marcopa82; Ort 33: shutterstock/trabantos (oben), shutterstock/Walter Cicchetti (unten); Ort 35: Nunzio Campo; Ort 36: shutterstock/Gianluca Caruso; Ort 37: istock/ilmoro100; Ort 40: mauritius images/Prisconaima/Stockimo/Alamy/Alamy Stock Photos; Ort 43: Tommaso Sparma; Ort 44: shutterstock/underworld; Ort 45: shutterstock/ollirg; Ort 48: Cortile Arabo (oben), shutterstock/Luca Panarese (unten); Ort 51: shutterstock/Jason Row; Ort 53: Antica Dolceria Bonajuto; Ort 54: Arco Azzurro; Ort 55: unsplash/Antonio Sessa (oben), unsplash/Stepan Dudycha (unten); Ort 58: shutterstock/Maurizio Callari (oben), shutterstock/Luca Panarese (unten); Ort 59: Mulino Gioginaro; Ort 60: shutterstock/Jerome Labouyrie; Ort 62: istock/Peeter Viisimaa; Ort 63: Roberto Romano; Ort 64: SumUp; Ort 68: Giovanni Costagliola; Ort 69: Wikimedia Commons/Davide Mauro; Ort 71: istock/Andreas Zerndl; Ort 72: Museo Geologico Gemmelaro; Ort 73: Vincenzo Salerno; Ort 74: Flavio Leone (oben), Gambina (unten); Ort 79: shutterstock/Lucky Team Studio; Ort 81: Giovanni Giambelluca; Ort 84: shutterstock/Angelo Giampiccolo; Ort 85: Salvo Pellegrino; Ort 86: MACS; Ort 87 (unten): shutterstock/Mazerath; Ort 88: Gianni Licitra; Ort 90: Museo Farmacia; Ort 91: Signum/Giò Martorana; Ort 93: shutterstock/Vespatime; Ort 94 (unten): pixabay; Ort 95: Salvo Olimpo; Ort 97: Ilenia Rubino; Ort 99: shutterstock/maudanros; Ort 100: Paola Bernardi; Ort 107: Amalia Daniele; Ort 110: shutterstock/Marco Frino

Eileen Stiller, geboren 1982, ist Journalistin und lebt in München. Nach Stationen als Redaktionsleiterin und Autorin bei verschiedenen Magazinen arbeitet sie heute als Redakteurin bei National Geographic. Ihr Herz hat sie vor vielen Jahren an Süditalien verloren – als sie ihren Mann kennenlernte, der aus Sizilien stammt. Seither führen ihre Reisen und Recherchen sie bevorzugt auf die Mittelmeerinsel zwischen Stiefelspitze und Afrika.